Ulrich Neuenschwander

Denker des Glaubens I

Martin Buber – Albert Schweitzer – Karl Barth
Rudolf Bultmann – Dietrich Bonhoeffer

Gütersloher Verlagshaus
Gerd Mohn

Originalausgabe

Fotos:
Martin Buber – Bildarchiv Kultur und Geschichte, München
Albert Schweitzer – Interfoto, München
Karl Barth – Photopress, Zürich
Rudolf Bultmann – Privat
Dietrich Bonhoeffer – Staatsbibliothek Berlin, Bildarchiv

ISBN 3-579-03881-8
3. Auflage, 1978

Gesamtherstellung: Clausen & Bosse, Leck
Umschlagentwurf: Dieter Rehder
Printed in Germany

Inhalt

Vorwort

Die Darstellung der Denker des Glaubens in unserem Jahrhundert ist aus Vorlesungen, Vorträgen und Volkshochschulkursen erwachsen. Das Interesse, auf das sie stießen, zeigte mir, daß in weiteren Kreisen ein Bedürfnis nach solcher kurzer, sachgemäßer und doch allgemeinverständlicher Information besteht. Die atheistische Basis des allgemeinen Lebensgefühls hat wohl die gewohnten Antworten erschüttert, schließt jedoch ein lebendiges Fragen nach Gott nicht aus.
So habe ich mich entschlossen, diese Reihe von Monographien für den Druck auszuarbeiten und sie in eine möglichst knappe, aber präzise Form zu bringen, die nur das Wesentliche, aber dieses zuverlässig, enthält.

Zollikofen/Bern, den 1. August 1973

Ulrich Neuenschwander

Vorwort zur 2. Auflage

Das Bändchen erscheint in seiner zweiten Auflage unverändert. Die in so kurzer Zeit erforderliche Neuauflage und das ermutigende Echo, das die knappen Darstellungen fanden, bestärken mich in der Auffassung, daß in weiten Kreisen ein waches Interesse an einer sachlichen Diskussion der Glaubensfragen der Gegenwart besteht. Möge auch diese Neuauflage nicht nur der Information, sondern auch der vertieften Besinnung dienen!

Zollikofen/Bern, den 15. Januar 1975

Ulrich Neuenschwander

Einleitung

Denker des Glaubens führen in dieser Schrift ihren Dialog. Damit sind zwei menschliche Verhaltensweisen in Beziehung gesetzt, deren Verhältnis zueinander die mannigfaltigsten Formen annehmen kann: *Denken und Glauben.*

Was haben Glauben und Denken miteinander zu tun? Leben sie auf verschiedenen Planeten, ohne Berührung miteinander? Sind es Feinde, die sich auf den Tod bekämpfen, oder feindliche Brüder, die sich entzweiten und den Weg zueinander nicht finden? Sind es Partner, Freunde, Kameraden auf dem Wege zur Wahrheit, die ohne einander nicht auskommen, so daß Denken ohne Glauben sich in der Kälte des Nichts verlöre, Glauben ohne Denken aber im Nebel des beliebigen Aberglaubens sich verirrte?

Im Verlaufe besonders der christlichen Kirchengeschichte hat sich oftmals ein elementares Mißtrauen der Religion gegen das Denken bemerkbar gemacht. Es reicht hin bis zu einer Auffassung des Glaubens, die diesen in diametralen Gegensatz zum menschlichen Denken stellt. Die Wahrheit des Glaubens als Offenbarung Gottes wird als Widerspruch zum Denken empfunden, das in Sachen Gott inkompetent ist. Credo quia absurdum; ich glaube an das Absurde, und ich glaube, weil es absurd ist. Wer glaubt, denkt nicht, wer denkt, glaubt nicht.

Solche extremen Standpunkte sind auf die Dauer nie haltbar; schon ihre Formulierung ist ein Denkakt. Der Mensch kann sein Denken nicht völlig ausschalten, wenn er nicht zugleich sein Erkennen in die Nacht der Bewußtlosigkeit versinken lassen will.

Indessen liegt dem Mißtrauen gegen das Denken der Umstand zugrunde, daß Denken wesenhaft *kritisches* Denken ist. Wäre es rein nachvollziehendes, dem Glauben gehorsames Denken, dann würde das Mißtrauen schwinden. Eine völlige Aufhebung des Denkens gibt es nicht, aber dadurch ist eine Grundspannung zwischen Denken und Glauben durch die Geschichte der Religionen im allgemeinen und des Christentums im besonderen signalisiert, weil das Denken wenn auch nicht den Glauben überhaupt, so doch die *Fraglosigkeit* des Glaubens aufhebt. Über den Glauben nachdenken wird auch immer zu bedeuten haben, eben diese Spannung zu klären und das rechte Verhältnis von Glauben und Denken zu ergründen.

Indem wir Denker des Glaubens zu Worte kommen lassen, wenden wir uns denjenigen zu, die diese Fragen ernst genommen haben. Es sind Menschen, für die beides, das Glauben und das Denken, von existenzieller Bedeutung war. So verschieden sie sich auch den Grundfragen des Menschen nach Gott und der Stellung des Menschen in der Schöpfung nähern, so gegensätzlich sie auch in ihren Auffassungen sein mögen, bis hin zur bitteren Polemik, sie sind doch durch eines verbunden: Alle sind sie von der gleichen Leidenschaft durchdrungen, sich den letzten Fragen nach dem Unbedingten zu stellen.

Und es sind *Denker*, die das tun. Das heißt, es sind nicht nur Menschen, die vom Unbedingten, Überweltlichen, Transzendenten, von Gott oder wie sie es auch nennen mögen ergriffen sind, sondern solche, die dieses Ergriffensein ins Bewußtsein erhoben und es durchreflektiert haben, die es mit all ihrem Scharfsinn zum Gegenstand ihres Nachdenkens gemacht haben und die dadurch fähig geworden sind, es in klarster Weise zur Sprache zu bringen. Es sind nicht nur Ergriffene, sondern gleichzeitig ihre Ergriffenheit mit dem Lichte ihres Geistes Durchleuchtende.

Das verändert in gewisser Weise das Verhältnis zum Ergriffensein und deckt ein weiteres Problem zwischen Glauben und Denken auf. In dem Augenblick, da ich dem mich Bewegenden – und wenn es selbst Gott ist – nicht nur nachvollziehend, gehorchend, nachfolgend, handelnd, sondern *reflektierend* begegne, vollziehe ich automatisch eine gewisse innere Distanzierung. Ich bin nicht mehr unmittelbar, sondern setze mich mir selbst gegenüber, indem ich das mich Bewegende ins Bewußtsein hebe. Ich schaue mir selbst zu. Das ist unaufhebbar; es liegt im Wesen des menschlichen Geistes begründet und ist die Voraussetzung jeder Erkenntnis. Im Selbstbewußtsein gründet der Schritt des Menschseins gegenüber dem Tiersein, aber diese Fähigkeit der

Selbstdistanzierung ist notwendig ein Schritt aus der Unmittelbarkeit des Erlebens heraus, die gerade dem Glauben zunächst so kostbar scheint.

Die Distanz der Reflexion ist ihrem Wesen nach eine kritische Distanz. Über den Glauben nachdenken heißt auch immer, seine Problematik sehen und seine Fragwürdigkeit ausloten. Es bedeutet, daß ich dem möglichen Zweifel Raum gebe, ihn wenigstens erwäge; damit ist er grundsätzlich ins Leben gerufen und anerkannt.

Nur der Naive ist praktisch ohne kritische Distanz. Er bleibt im Emotionalen, Unmittelbaren, ist daher ungestört, nicht durch des Gedankens Blässe angekränkelt, nicht durch Zweifel getrübt, sofern seine Emotion stark und eindeutig genug ist. Dafür ist er ohne jedes Kriterium, ob er in der Wahrheit ist oder aber im finstersten Aberglauben versunken. Und wenn seine Emotion nicht eindeutig, sondern ambivalent ist, dann ist er erst recht hilflos. Neben dem Naiven ist es der Fanatiker, der ein Gegenpol des Denkers des Glaubens ist. Der Fanatiker ist derjenige, der wohl die kritischen Gegenstimmen kennt, aber sie unterdrückt und verdrängt. Er hilft sich damit, daß er sie in die anderen Menschen hineinprojiziert und dort blutig verfolgt.

Beide, der Naive, der nicht daran denkt zu denken, und der Fanatiker, der nicht denken will, sind nicht die Denker des Glaubens. Denker des Glaubens sind jene Menschen, die nicht anders können, als die *Wahrheitsfrage* stellen und in der Tiefe ernst nehmen. Sie wirken deshalb oft auf die Unmittelbaren weniger stark als die Ungebrochenen, die einfach die ganze Vitalität ihres unreflektierten Willens auf den Gesprächspartner werfen und ihn weniger überzeugen als einfach mit sich fortreißen. Andererseits aber wirken die Denker befreiend durch die Helligkeit ihrer Einsicht. Sie sind nicht wie ein trüber Sturzbach, der alles Geröll mit sich reißt, sondern wie ein klarer Bergbach, der dazu einlädt, das reine, durchsichtige Wasser zu trinken. Es braucht in dem welt- und frömmigkeitsgeschichtlichen Kräftehaushalt immer wieder auch die Naiven, die unbedenklich darauf loseilen und Zögernde mitreißen. Aber auf der anderen Seite sind auch die Nachdenkenden und Nachdenklichen unentbehrlich, wenn nicht die Fahrt ins Unkontrollierte und endlich in den Abgrund gehen soll. Sind die Naiven – die Fanatiker schließen wir um ihrer Inhumanität willen hier aus – wie die feurigen Pferde, die den Wagen ziehen, so sind die Denker die Kutscher, die nicht nur die Peitsche, sondern auch die Zügel zu führen wissen.

Solche Denker sollen in der Folge zu Worte kommen. Durch sie soll sich nicht nur das Verhältnis von Glauben und Denken klären, sondern in dem Vollzug des Denkens die Substanz des Glaubens selbst erhellen.

Glauben und Denken treten also nicht als Feinde auf. Wenn wir die Denker des Glaubens zu unserem Thema machen, dann liegt darin ein Bekenntnis zur Partnerschaft von Glauben und Denken auf dem Wege zum wahren Menschsein. Diese Auffassung, die vorerst einfach hingestellt wird, wird sich im Laufe des denkenden Glaubensdialogs selbst bewähren müssen.

Unser Ausgangspunkt jedenfalls ist die Gemeinschaft von Denken und Glauben, in der es sinnvoll ist, die Methoden des menschlichen Denkens auf die Inhalte des Glaubens anzuwenden. Wir meinen damit nicht, daß sich Glauben in Denken auflösen solle oder auch nur könne. Die Aufhebung des Glaubens durch das Denken, als Gegenbewegung zu der Aufhebung des Denkens durch das Glauben, ist ein im Ansatz verfehlter Gesichtspunkt; denn er geht von einer Auffassung des Glaubens aus, die dem Selbstverständnis des Glaubens diametral entgegengesetzt ist. Der Gedanke, Glauben könne durch Denken aufgehoben werden, setzt voraus, daß Glauben selbst im Grunde nichts anderes sei als eine Art von Denken, aber ein vorläufiges, unvollständiges, zweitrangiges Denken. Glaube ist aber nicht einfach eine Art von Erkenntnis, die dem Wissen gegenüber zurückgeblieben ist. Glauben ist auch nicht Anschauen oder Denken in Vorstellungen statt in Begriffen.

Glaube ist etwas anderes, keine Denkform, sondern eine Lebensform, eine Existenzweise, ein Verhalten, ein Stehen in Beziehungen, die wohl durch Denken besser begriffen werden können, aber nicht in ihm aufgehen oder durch es ersetzbar sind. Lebensakte wie Glauben, Hoffen und Lieben können nicht in Wissen transformiert, wohl aber im Wissen zur eigenen Helligkeit gebracht werden. Wir meinen auch nicht, daß es dem Denken gelingen könne, alle Geheimnisse und Hintergründe des Glaubens zu durchleuchten oder auch seine Abgründe und Fragwürdigkeiten auszuloten. An der Wirklichkeit ist immer etwas, was nicht in die Ratio eingeht. Nur ein Stück weit vermag das Denken die Wirklichkeit zu durchdringen. Das ist nicht nur in den Fragen des Glaubens der Fall, sondern in allen Wirklichkeitsbezügen, aber um so mehr, je stärker die Gesamtheit des Seins und des Sinnes auf dem Spiele steht. Gerade das tiefe Denken ist sich seiner Grenzen bewußt; nur das oberflächliche Denken meint, das Meer ausgeschöpft zu haben, wenn nach den ersten Schöpfbewegungen die zufällig gleichzeitige Ebbe das Versiegen des Meeres vortäuscht.

Der fragmentarische Charakter des Denkens ist freilich kein Anlaß, sein Vermögen gering zu achten. Es gleicht dem Scheinwerfer in der Nacht, der wirklich die Gegenstände erhellt, auch wenn er nicht die Gesamtheit der Landschaft wie das Sonnenlicht erleuchtet. Bei aller Einsicht in die Grenzen des Denkens ist festzuhalten, daß besonnenes Denken nicht bloße Beliebigkeiten an den Tag bringt, aus Wunsch oder Furcht geboren, sondern echte Einsichten. Gerade von seiten der Religion ist oft versucht worden, die menschliche Vernunft herabzusetzen, sei es, daß sie der »Offenbarung« gegenüber als zweitrangig abgewertet wurde, sei es, daß man mit Hilfe der Ideologie des Sündenfalles ihre Fähigkeiten als verdorben ausgab. Oft geschah das erst noch im Interesse einer Kirche, die ihre vor dem Denken unhaltbaren Behauptungen auf solche Weise vor berechtigter Kritik schützen wollte.

Partnerschaft von Glauben und Denken bedeutet auch nicht, von vornherein den alten Streit schlichten zu wollen, ob das Glauben dem Denken oder das Denken dem Glauben vorausgehe. Führt das Denken mit seinen Einsichten zum Glauben, oder ist Glauben elementar und wird nur nachträglich durch Denken rationalisiert? Es gibt den alten Spruch: »Credo ut intelligam«, ich glaube, um – daraufhin, nachträglich – einzusehen. Damit wird nicht nur der Akt des Glaubens zeitlich vorangestellt, sondern auch die Substanz des Glaubens dem Range nach als Wahrheit vorausgesetzt. Das Denken hat nichts dazu zu sagen, besitzt kein eigenes Wahrheitskriterium, sondern es hat die Inhalte des Glaubens hinzunehmen und sie nur, vielleicht im Zusammenhange, zu verstehen. Es gibt andererseits den ebenso alten Spruch: »Intelligo ut credam«, ich erkenne, um aus dem verantwortlich Erkannten den Mut zum Glauben zu finden und mein Leben auf Gott zu gründen, nachdem und weil ich ihn erkannt habe. Blindes Glauben ohne Erkennen wäre von da her verwerflicher Aberglaube.

Es fällt auf den ersten Blick schwer, sich für den einen Spruch und damit gegen den anderen zu entscheiden. Beide scheinen eine Teilwahrheit auszudrücken. Das Verhältnis zwischen Glauben und Denken hat offenbar kein so einheitliches Gefälle, sondern es besteht eine Wechselwirkung teils fördernder, teils hemmender Art. Wir gehen also nicht von der Voraussetzung aus, daß der eine oder der andere Satz ausschließend die Wahrheit sage, sondern stellen nur fest, wie verschiedenartig über diesen Punkt gedacht werden kann und in der Tat gedacht wird.

Die Entscheidung hängt ja auch von vielen anderen Faktoren ab. Wenn ich eine Offenbarungstheologie vertrete, wie es Karl Barth tut, dann ist der Glaubensinhalt als Wahrheit vorgegeben, und das credo ut intelligam legt sich unausweichlich nahe. Bestreite ich dagegen eine Offenbarung, die in einem Wort Gottes formuliert vorliegt, dann kann das Mißtrauen gegen diesen Satz wachsen, der die prüfende Kraft der Vernunft zu schmälern scheint. Indem wir nicht nur Theologen, sondern auch Philosophen zu Wort kommen lassen, bringen wir ein möglichst breites Spektrum auch gerade des Denkens über Offenbarung und damit auch verschiedenartige Stellungnahmen zu den Sätzen credo ut intelligam und intelligo ut credam zur Sprache.

Unserer Darstellung ist noch eine weitere Bemerkung vorauszuschicken. Denker wie Karl Barth und Martin Buber haben sehr weit ausgedehnte Forschungen getrieben und sich über die verschiedensten Gegenstände, nicht nur über den Glauben selbst, geäußert. Gelehrte wie Rudolf Bultmann haben in ihrem speziellen Fachbereich eine Reihe von Entdeckungen gemacht. Albert Schweitzer hat als Arzt, Teilhard de Chardin als Naturforscher einen großen Teil des Lebens zugebracht. Wir zeichnen nun nicht einfach ein Gesamtbild jeder Persönlichkeit mit einer möglichst vollständigen Aufzählung aller Leistungen im einzelnen. Es wäre ein Mißverständnis, solches erwarten zu wollen. Vielmehr sind wir eben am *Denken des Glaubens* interessiert. Wir konzentrieren uns also darauf, wie alle diese Denker die Grundstrukturen des Glaubens durchdacht haben, welche Gemeinsamkeiten, welche Gegensätze sich ihnen dabei ergeben haben, welche Perspektiven sie uns nahebringen, sich gegenseitig bestätigend oder bestreitend. Die Persönlichkeiten kommen deshalb alle nur in einer gewissen Einseitigkeit zur Geltung, auf die Fragestellungen des Glaubens konzentriert, die für sie alle ja Gegenstand des leidenschaftlichen, zentralen Interesses waren, aber doch nicht das Ganze ihrer Bemühungen ausmachen. Alle die Persönlichkeiten, die in dieser Darstellung ihren Dialog miteinander führen, könnten auch von anderen Seiten her, unter anderen Gesichtspunkten gewürdigt werden. Indem sie hier um *ein* Thema kreisend zusammen auftreten, seien diese anderen Seiten weder bestritten noch in ihrem Eigenwerte herabgemindert.

Die zehn Denker Martin Buber, Albert Schweitzer, Karl Barth, Rudolf Bultmann, Dietrich Bonhoeffer, Emil Brunner, Emanuel Hirsch, Paul Tillich, Pierre Teilhard de Chardin, Karl Jaspers gehören alle in einer gewissen Hinsicht zusammen. Sie standen freilich auf überaus gegensätzlichen Standpunkten und haben sich zeit ihres Lebens die heftigsten Auseinandersetzungen geliefert. Dennoch verbindet sie eine Gemeinsamkeit des Problembewußtseins, das durch ihre geschichtliche Situation gegeben ist. Sie sind alle Denker des Glaubens in unserem, dem 20. Jahrhundert, geprägt von der abendländischen Tradition, in einem Zeitalter, da diese Tradition ihre selbstverständliche Geltung eingebüßt hat.

Von einer ferneren Perspektive aus werden diese Denker wohl noch mehr zusammenrücken; das Typische ihrer Situation wird noch stärker erkannt werden, die Gegensätze werden nicht mehr als so absolut empfunden werden, sondern als relativ innerhalb *eines* geschichtlichen Schicksals, das für alle gleich vorausgesetzt ist, so wie sich für uns die Gegensätze innerhalb des 5., des 13., des 16. Jahrhunderts relativierten.

Gerade im Vergleich mit dem Zeitalter Augustins, dessen Probleme die Askese und die Weltflucht waren, des Hochmittelalters und der Reformationszeit, deren Fragen um Gericht und ewige Seligkeit kreisten, zeigt sich für unsere Denker des 20. Jahrhunderts eine ganz verschiedene Lage. Alle sind besonders bewegt durch das Problem der *Welt.* Gott und die Seele – die Seele und ihr Gott: diese Formel trägt nicht mehr. Das religiöse Verhältnis ist nicht mehr allein das zwischen Gott und der Seele, aber unter Ausschluß der Welt, sondern das Verhältnis Gott-Mensch-Welt. Es ist die durchgehende Erkenntnis, daß Gott nicht an der Welt vorbei gefunden werden kann, sondern durch die Welt hindurch. Gott und Welt werden nicht in der Weise als Alternative empfunden, daß Gott suchen die Welt fliehen hieße, in die Welt treten aber Gott verlieren. Der allzu einfache Gegensatz von Gotteskind und Weltkind, also Gerettetem und Verlorenem, hat seine Überzeugungskraft eingebüßt. Vielmehr wird die Welt – bei aller Erkenntnis ihrer dämonischen Abgründigkeit, die in nicht geringerer Tiefe erlebt wird als unter der Herrschaft des mythischen Erbsündendogmas – als der uns von Gott gegebene Schauplatz der existentiellen Verwirklichung erlebt. Die Welt, nicht nur in ihrer Pflicht und ihrem Leiden, sondern auch mit ihrer Freude, ist in das Gottesverhältnis integriert. Die glaubende Weltbejahung wird ein Grundanliegen, damit freilich auch ein

Grundproblem all der Denker des Glaubens, die hier ihren Dialog führen.

Es ist deutlich, daß die Kritik an einem Jenseitschristentum, wie sie im 19. Jahrhundert durch Feuerbach, Marx und Nietzsche geübt wurde, ihre tiefen Spuren hinterlassen hat. Ein *Denken* über den Glauben diesseits solcher Religionskritik gibt es nicht mehr. Insofern unterscheidet sich das Ringen um die Diesseitigkeit des Glaubens von demjenigen der Reformation und der Aufklärungszeit.

Gerade der Vergleich mit Reformation und Aufklärung zeigt die andere Situation des 20. Jahrhunderts. Es ist unseren Denkern gemeinsam, daß sie alle den großen Bruch in der Kontinuität der abendländischen Humanität bewußt erlebt haben. Von der Antike bis zum deutschen Idealismus geht eine doch im Großen geradlinige Entwicklung; eine Einheit des abendländischen Geistes ist erkennbar, derer sich die führenden Kulturträger bewußt blieben. Das 19. Jahrhundert bereitet mit dem Sturz des Idealismus den großen Bruch vor. Mit Hegel wird zugleich die ganze Geschichte, die er als große Entwicklung auf seine Perspektiven hin deutete, getroffen. Das technische Zeitalter verändert die Welt innert eines Menschenlebens mehr, als sie sich in Jahrtausenden gewandelt hatte. Noch zu Goethes Zeit war die Kerze die Beleuchtung für alle, das Pferd das schnellste Fortbewegungsmittel, das landwirtschaftliche Leben auf dem Dorf oder das handwerkliche in der Stadt die Lebensweise der überwältigenden Mehrheit der Bevölkerung wie seit vielen Jahrhunderten. Kultur und Geist, verbunden mit einer mehr oder weniger kirchlichen Religiosität, besaßen eine bedeutende Öffentlichkeitsmacht.

Goethe hat mit tiefer Besorgnis die Weltenwende erahnt. Wie weit entfernt ist unsere Situation von der damaligen! Wie unüberbrückbar scheint die Kluft, die uns geistig und seelisch vom Zeitalter Goethes trennt, der doch bereits ein moderner Mensch war, der durch die Aufklärung hindurchgegangen war! Dennoch gehört er noch, an der Grenze, zu der abendländischen Einheit von Jesaia und Jeremia, von Hesiod und Homer an bis zu seiner

Zeit, zu einer Welt, die durch das technisch-industrielle Zeitalter überrollt worden ist, ohne daß wir die Ratlosigkeit über diesen sich rasant vollziehenden Prozeß schon überwunden hätten. Karl Jaspers ruft in seiner Rede zur Feier des 200. Geburtstages von Goethe im Basler Münster aus: »Wir können nicht enden, ohne die Frage zu wiederholen, mit der wir begannen: Gehört nicht alles, was Goethe bedeutet, einer geschichtlichen Situation an, die unwiederbringlich vergangen ist, einer anderen Welt mit ihren geschichtlichen Gestalten, die heute wie aus einer märchenhaften Ferne sichtbar sind im Übergang, wo wir das Entschwindende eben noch bemerken?«[1] Und vorher hatte er festgestellt: »Wir leben in der von Goethe geahnten Katastrophe, unendlich fern von seinem Zeitalter.«[2]

Noch schärfer drückt sich Albert Schweitzer 1944 aus: »Kant, Goethe und alle edlen Denker der Vergangenheit gehören nicht mehr uns. Wir sind von ihnen abgefallen und haben kein inneres Verhältnis mehr zu dem Geiste, der aus ihren Werken redet. Was ihnen Überzeugung war, ist uns Phrase geworden. Sie reden aus einer Zeit zu uns, mit der wir nach dem, was geschehen ist, das Beste nicht mehr gemein haben.«[3]

Goethe steht hier als Symbol für den abendländischen Humanismus, der auf Antike und Bibel gegründet ist. Nach seinem und Hegels Tod verändert sich die kulturelle Landschaft tiefgreifend; indessen scheint das 19. Jahrhundert noch von der Substanz zu zehren, die in Jahrhunderten, ja Jahrtausenden erworben worden war. Nietzsche ist es, der erkennt, wie alles dem Ende zutreibt, »wie ein Strom, der ans Ende will, der sich nicht mehr besinnt, der Furcht davor hat, sich zu besinnen«[4].

1. Karl Jaspers, Goethes Menschlichkeit, in: Rechenschaft und Ausblick, München 1951, S. 67.
2. A. a. O., S. 51.
3. Albert Schweitzer, Aus einem noch unveröffentlichten kulturphilosophischen Manuskript über die geistige Situation der Zeit 1944.
4. Friedrich Nietzsche, Der Wille zur Macht, Werke Bd. XV, Leipzig 1912, S. 145.

Der erste Weltkrieg zerreißt endgültig die Schleier der Illusionen; das folgende Zeitalter des Totalitarismus, das noch nicht abgeschlossen ist, der zweite Weltkrieg und der weltweite Zusammenbruch auch der praktischen Humanität mit der Billigung von Folter und Terror besiegeln die Katastrophe des ersten Weltkrieges. Von diesen Katastrophen abgesehen nimmt das technisch-industrielle Zeitalter mit Massenorganisation und Bürokratie unaufhaltsam seinen Lauf und verändert das Antlitz der Erde radikal, bis zur Gefährdung der elementaren Lebensgrundlagen. Ebenso gründlich wandelt sich das menschliche und gesellschaftliche Selbstbewußtsein. Die Überlieferung verliert an innerer Autorität; die Kontinuität der Kultur gerät ins Wanken.
Die Denker des Glaubens, die hier ihren Dialog führen, sind alle in eben diese geschichtliche Krise bewußt hineingetreten und haben sie in ihre Reflexionen hineingenommen. Das verbindet sie zu einer Gemeinschaft gegenüber den Reformatoren, den Aufklärern oder den Idealisten. Außer Dietrich Bonhoeffer, der eine Generation jünger ist und der vor allem der zweiten, totalitären Phase des Geschehens konfrontiert war, sind es alles Persönlichkeiten, die genau den fundamentalen Bruch, den der erste Weltkrieg für die geistesgeschichtliche Kontinuität des Abendlandes bedeutet hat, tief und bewußt miterlebt haben, aber in einem Alter, da sie noch beweglich genug waren, nicht dem Vergangenen nachzutrauern, sondern sich den neuen Problemen zu stellen. Gleichzeitig aber sind es Menschen, die doch noch vor dem ersten Weltkrieg in der alten, abendländischen Weite der universalen humanistischen Bildung aufgewachsen waren und so, mit jener Welt vertraut, in gewisser Weise doch noch eine Kontinuität repräsentieren. So sind sie, noch bewußt geprägt durch die traditionelle Bildung, durch den Bruch hindurchgegangen, dem Neuen geöffnet, das auch die Fragen des Glaubens nicht mehr in der alten Weise zu stellen erlaubte.
Diese Gemeinsamkeit der Situation kommt bei aller Verschiedenheit der Antworten auf die Probleme bei allen deutlich zum Ausdruck, selbst bei Karl Barth, der den radikalen Versuch

unternimmt, die Schwierigkeit dadurch zu meistern, daß er die gesamte moderne Entwicklung des Glaubens als Fehlentwicklung rückgängig machen will. Das Bewußtsein des *Umbruchs* durchdringt deshalb alle diese Gespräche um den Glauben, wobei »Umbruch« beides in sich schließt, den schmerzlichen Verlust von Vergangenem und die Hoffnung auf Neues, Heiles. Umbruch ist wohl Gefährdung, aber nicht von vorneherein grundsätzlich Katastrophe.

Es ist deshalb nicht zufällig, daß neben die Vergangenheit in der Würdigung der Tradition speziell die Zukunft in dem Glaubensdenken ein neues Gewicht bekommt, sei es durch Aktualisierung der Eschatologie mit all ihren Hoffnungen und Ängsten, sei es, wie bei Teilhard de Chardin, durch die religiöse Deutung der Evolution. In einem Zeitalter des Umbruchs kommt das Dynamische am Leben und demnach auch am Glauben vermehrt zur Geltung. Überall ist die Unruhe fühlbar, verbunden mit der Suche nach dem Gültigen in der Erscheinungen Flucht. Unüberhörbar ist die Sorge um das Menschsein des Menschen in der unübersehbaren, schwer zu steuernden Entwicklung der industriellen Massen- und Organisationsgesellschaft.

Charakteristisch heben sich deshalb unsere Denker des Glaubens im 20. Jahrhundert von denjenigen früherer Zeiten ab. Unverwechselbar ist ihr Gesicht; indessen ist es auch ein Menschengesicht, und damit ist es über die weltgeschichtlichen Brüche hinweg mit denen verbunden, die je und je nach Gott gefragt, an ihn geglaubt und an ihm gezweifelt haben, ihm gedient, an ihm gelitten und auf ihn gehofft haben. Bei aller Zeitbedingtheit auch des Glaubensdenkens reicht dieses in eine Tiefe, in der sich Zeit und Ewigkeit berühren.

Man hat unser Zeitalter ein Zeitalter des Unglaubens genannt. Die zehn überragenden Denker des Glaubens machen sichtbar, daß auch in diesem Zeitalter, wie es auch genannt und gedeutet werden möge, bedeutende Menschen aufgestanden sind, denen die Fragen des Glaubens Gegenstand des leidenschaftlichsten Ernstes und der tiefsten Verantwortung geworden sind.

Martin Buber

1878–1965

Martin Buber wurde am 8. Februar 1878 in Wien geboren. Den größten Teil der Kindheit verbrachte er bei seinem Großvater, dem Midraschkenner Salomon Buber, in Lemberg und auf den Gütern seiner Familie im österreichischen Galizien. In einem diesen Gütern benachbarten Städtchen, Sadagora, kam es zur ersten anschaulichen Begegnung mit dem Chassidismus, aber noch ohne tieferes Verstehen. Nachdem Buber als junger Mann zunächst tief in die europäische Geistigkeit eingetaucht war, fand er durch den Kontakt mit der Zionistischen Bewegung und einer neuen, tiefern Entdeckung der chassidischen Welt zum bewußten Judentum zurück.

1899 heiratete er Paula Winkler, die auch dichterisch tätig war. Buber schwankte erst zwischen akademischer und literarischer Tätigkeit, wählte dann aber den Weg des freien Schriftstellers. Von 1906 bis 1916 lebte er in Berlin, später in Heppenheim. Sein Verhältnis zum Zionismus war nicht ohne Probleme. Er teilte zwar die Grundintentionen der Zionistischen Bewegung, ging aber in politischen Einzelfragen einen eigenen Weg.

Nach dem ersten Weltkrieg trat Buber stärker in die öffentliche Verantwortung ein. Er übernahm eine Lehrtätigkeit am »Freien Jüdischen Lehrhaus« und 1923 an der Frankfurter Universität einen Lehrauftrag für

Jüdische Religionswissenschaft und Ethik. 1930 erfolgte die Ernennung zum Honorarprofessor.

Der Anbruch der Hitlerzeit drängte ihn noch stärker in den Auftrag, einen jüdischen Humanismus zu formulieren. Er übernahm die »Mittelstelle für jüdische Erwachsenenbildung« und wirkte so für den »Aufbau im Untergang«. Seine Stellung in Deutschland war immer weniger zu halten. Eine schon lange diskutierte Berufung an die Universität Jerusalem wurde 1935 nicht ohne Schwierigkeiten ausgesprochen. Der Plan Bubers, sowohl in Israel wie in Deutschland zu wirken, erwies sich als undurchführbar. 1938 siedelte Buber nach Jerusalem über. Nach dem Krieg erfolgten zahlreiche Reisen nach Amerika und nach Deutschland. Erst in dieser Zeit kam sein Werk in den USA zu starker Geltung. In Israel selbst war sein Einfluß geringer, da seine Auffassungen sich von denen der Staatsgründer in mancher Hinsicht unterschieden.

Bis ins höchste Alter hinein blieb Buber schöpferisch. Sein Werk hat drei Schwerpunkte. Die Entwicklung der Ich-Du-Philosophie ist der eine. Daneben steht die Erhellung der Welt des Chassidismus und endlich die großartige Übersetzung des Alten Testamentes.

Nach kürzerem Leiden starb Martin Buber am 13. Juni 1965. Ministerpräsident Levi Eschkol hielt ihm die Grabrede, arabische Studenten der Hebräischen Universität legten einen Blumenstrauß auf seinen Sarg.

1. Ursprung und Erbe

Denken und Glauben Martin Bubers sind aus zwei Strömen zusammengeflossen: aus dem Judentum und aus der abendländischen Kultur. Buber ist weder ein orthodoxer Jude, der sich den geistigen Einflüssen seiner nichtjüdischen Umgebung entzogen hätte, noch ein emanzipierter Jude, der seine jüdische Herkunft und sein jüdisches Wesen vergißt, um in der kulturellen Umwelt aufzugehen. In der Weite seiner Menschlichkeit mit Lessings Nathan dem Weisen vergleichbar, ist er doch nicht in dieser Weise aufklärerisch, sondern tief in der biblischen Welt des Alten Testamentes beheimatet.

Er hat die echte Synthese zwischen Bibel, Judentum und Abendland vollzogen, die im Grunde dadurch möglich wird, daß das Alte Testament entscheidender Quellgrund auch der christlich-abendländischen Humanität ist. Freilich ist das Alte Testament in Europa durch das Christentum vermittelt worden. Das christlich gelesene und das genuin jüdisch verstandene Alte Testament haben nicht ganz denselben Aspekt. Dennoch beruht auf diesem gemeinsamen Erbe die Möglichkeit der Synthese, um so mehr, als Buber auch dem breiten Strom der griechisch-antiken Humanität geöffnet ist.

Jüdisch-menschheitliche Menschlichkeit – dieses Ziel stand dem Kreis um Buber vor der nationalsozialistischen Katastrophe des europäischen Judentums vor Augen. Dabei bleibt die bewußte subjektive Verwurzelung im Jüdischen bestehen, sie wird bejaht und keineswegs verschleiert.

Für die Wesensart Bubers ist weiter bezeichnend, daß er nicht in erster Linie systematisch-reflektierend die Synthese vollzogen, sondern sie primär in seiner ebenso tiefen wie weiten Persönlichkeit realisiert hat. Buber gehört zu jenen Menschen, bei denen es schwer zu entscheiden ist, ob sie mehr durch die Kraft ihrer Gedanken oder durch die Ausstrahlung ihrer Persönlichkeit wirken. Sein Einfluß erfolgte ebensosehr durch das gesprochene Wort, besonders im begegnenden Dialog, wie durch das gedruckte. Als Meister des Gespräches ist ihm die persönliche Begegnung von Mensch zu Mensch der eigentliche Ort der Wahrheit. Und auch sein literarisches Werk ist sehr persönlich; es ist durch eine Eigenwilligkeit des dichterischen Stils und durch die anschauliche Bildkraft einer visionären Sprache geprägt. Buber verstand sich zunächst als Dichter, dann immer stärker als Menschheitserzieher und Menschheitsbildner und als Philosoph. Das zentrale Gewicht, das für ihn der Gedanke »Volkshochschule« im weitesten Sinne hatte, ist lebendiger Ausdruck für dieses Selbstverständnis.

Buber ist Dichter, Erzieher, Philosoph, Religionsphilosoph, keineswegs ein Theologe. Damit ist seine Frömmigkeit unabhängig von jeder konfessionellen Kirchlichkeit, wie sie den jüdischen Theologen ebenso wie den christlichen jeder Denomination prägt. So wird er für uns zu einem Gesprächspartner besonderer Art. Die Frömmigkeit, die sein philosophisches Denken durchzieht, ist gleichzeitig deutlich nichtchristlicher und ebenso deutlich biblischer Art. Dadurch wird er insbesondere für diejenigen zur Frage, die eine durch Christus vermittelte Gottesbeziehung für die einzig mögliche halten, alles andere aber als selbsterfundenen Götzendienst verwerfen.

Es war für Buber ein besonderer Glücksfall, daß er dem Judentum nicht nur in seiner orthodoxen oder emanzipierten Gestalt begegnete. Von schicksalhafter Bedeutung wurde für ihn der Umstand, daß er in entscheidender Zeit mit einem Zweig des Judentums zusammentraf, der seinem eigenen Wesen innerlich weitgehend entsprach, so daß er sich gleichsam selber fand. Es ist die Welt des Chassidismus, von der wir auszugehen haben, um Bubers Denken zu verstehen. Er hat nicht nur dort seine Heimat gefunden, sondern gleichzeitig dieser schon fast versinkenden Form jüdischer Frömmigkeit einen großen Teil seines Lebenswerkes gewidmet und dadurch die Welt des Chassidismus vor dem Vergessen bewahrt und wieder zu einer lebendigen Kraft gemacht. Er ist freilich ebensoweit über die Gettoenge des chassidischen Lebens hinausgegangen wie Schleiermacher über die Enge der Herrnhutischen Gemeinde. Aber so wie sich Schleiermacher, bei aller sprengenden Ausweitung des Horizontes, als »Herrnhuter höherer Ordnung« verstehen konnte, so ist auch Buber auf seine Weise ein Chassid höherer Ordnung geworden und geblieben. Er würde freilich bescheiden abwehren und auf die ihm fehlende charismatische Kraft der ursprünglichen Chassidim verweisen. Aber unser Vergleich mit Schleiermacher zielt nicht darauf, sondern auf die entscheidende Erweiterung des Denkhorizontes im Vergleich zum Konventikelhaften der ursprünglichen Gruppen.

2. Die chassidische Welt

Was ist der Chassidismus? Das hebräische Wort »Chassid« bedeutet »ein Frommer«. Frömmigkeitsbewegungen, analog etwa dem genuinen Pietismus, gab es im Judentum oft. So finden wir auch um das Jahr 1700 in Osteuropa jene asketischen Gruppen von Frommen, die in messianischen Hoffnungen zum Heiligen Land aufbrachen und dort meist untergingen. Im Gegensatz zu den Asketen entstand dann um die Mitte des 18. Jahrhunderts in Osteuropa eine neue Bewegung gleichzeitig charismatischen und freudig-weltbejahenden Charakters, die von der Gestalt Israel Ben Eliesers ausging, der der »Baalschemtow« genannt wurde, also der »Herr des guten Namens«.

All diese Frömmigkeitsbewegungen wollen mit dem göttlichen Gebot im irdischen Alltag ernst machen und sich nicht nur mit Kultus und Lehre begnügen. Der Chassidismus tut das aber auf besondere Weise, indem er nicht Askese fordert, sondern die Weltverbundenheit Gottes und die Freude betont und »die Welt in Gott« lieben will[1].

Weil es sich weniger um neue Lehren als vielmehr um einen

1. III, S. 49 (Römische Ziffern bezeichnen Bände von: Martin Buber, Werke, Heidelberg und München 1962 ff.).

anderen Lebensstil handelt, ist das Wesen des Chassidismus nicht leicht zu umschreiben. Buber betont:

»Wenn man die Erscheinung des Chassidismus innerhalb der Glaubensgeschichte des Judentums und seine Bedeutung für die allgemeine Religionsgeschichte erfassen will, muß man nicht von seiner Lehre als solcher ausgehen. Die chassidische Lehre, für sich betrachtet, bringt keine neuen geistigen Elemente, sie stellt nur eine – freilich neu ausgearbeitete, neu formulierte und in einer neuen Einheit komponierte – Auswahl dar, einerseits aus der späten Kabbala, andererseits aus volkstümlichen Traditionen, und auch das Kriterium, das diese Auswahl bestimmt hat, ist kein theoretisches. Das, was die Eigentümlichkeit und die Größe des Chassidismus ausmacht, ist nicht eine Lehre, sondern eine Lebenshaltung, und zwar eine gemeindebildende und ihrem Wesen nach gemeindemäßige Lebenshaltung. Das Verhältnis zwischen der Lehre und der Lebenshaltung ist hier aber keineswegs so beschaffen, daß diese als eine Verwirklichung der Lehre anzusehen wäre; eher ist es umgekehrt die neue Lebenshaltung, die nach einem gedanklichen Ausdruck, nach einer theologischen Ausdeutung drängt.«[2]

Es ist darum nicht zufällig, daß sich der für Buber wesentliche Geist des Chassidismus weniger in theoretischen Lehrschriften als vielmehr in legendär-anekdotischen Erzählungen äußert, die er gesammelt, gesichtet und so der Nachwelt zugänglich gemacht hat. Einige kurze Geschichten mögen diese Lebensart umschreiben und die Brücke zu Bubers Denken schlagen.

»Als ein Vater dem Baalschem klagte: ›Mein Sohn ist von Gott gewichen – was soll ich tun?‹ erwiderte er: ›Ihn mehr lieben‹.«[3]

»Rabbi Rafael rief einst vor einer Fahrt einem Schüler zu, er solle sich zu ihm in den Wagen setzen. Darauf jener: ›Ich fürchte, ich könnte es euch eng machen.‹ Und er mit erhobener Stimme: ›So wollen wir einander lieben, dann wird uns weit sein.‹«[4]

Als Zentrum ist die liebende Gesinnung ergriffen, nicht eine kultische Gottesverehrung oder eine pedantische Gesetzlichkeit. Die Liebe ist aber religiös verstanden, als Dienst, es gilt, in der

2. III, S. 758. 3. III, S. 43. 4. III, S. 43f.

Welt und durch die Welt Gott zu lieben. Gott tritt nicht direkt, sondern durch die Welt, die Mitmenschen in Erscheinung. Gleichzeitig ist die Liebe der Mitvollzug der Gottesgesinnung; Gott liebt die Welt, Gott hat die Welt angenommen; dies auch zu tun, ist wahrer Gottesdienst.

Die Welt wird, bei all ihrem Elend und ihrer Erlösungsbedürftigkeit, nicht apokalyptisch ganz verworfen. Insbesondere wird der Mensch nicht zum Nichts gemacht. Im Gegenteil, gerade die Hochschätzung des Menschen als Ebenbild Gottes ist für diese Frömmigkeitsart charakteristisch:

»Rabbi Schlomo fragte: ›Was ist die schlimmste Tat des Bösen Triebs?‹ Und er antwortete: ›Wenn der Mensch vergißt, daß er ein Königssohn ist.‹«[5]

Nicht nur der Mensch im allgemeinen wird so hoch gewertet, sondern jeder einzelne. Es gehört mit zu dem Wesen des Chassidismus, daß in ihm das Besondere beachtet wird. Jeder Mensch ist unvertauschbar, einmalig, er selbst. Und so hat er keinen allgemeinen, schematisierenden Weg zu gehen, sondern seinen eigenen. Gegen alle Gleichschaltung ist das Subjektive gewürdigt; damit ist eine großartige Verwirklichung des befreiten Menschseins ermöglicht. Diese Freigabe der Subjektivität ist keineswegs anarchisch. Im Rahmen der Gesamtrichtung zum Guten soll jeder auf seine Weise leben, jeder selbst Gott erfahren. Von dieser Schau her wird schon die Bibel subjektiv differenziert:

»Der Baalschem sprach: ›Wir sagen: ‚Gott Abrahams, Gott Isaaks und Gott Jakobs', und sagen nicht: ‚Gott Abrahams, Isaaks und Jakobs'; Isaak und Jakob stützten sich nicht auf Forschung und Dienst Abrahams, sondern selber forschten sie nach der Einheit des Schöpfers und seinem Dienst.‹«[6]

So ist der eigene, unverwechselbare Weg auch uns ermöglicht, erlaubt, ja aufgetragen. Im Selbstsein, nicht in der Nachahmung

5. III, S. 403. 6. III, S. 164.

und der Heteronomie erfüllt der einzelne Mensch den Willen, den Gott mit ihm hat:

»Vor dem Ende sprach Rabbi Sussja: ›In der kommenden Welt wird man mich nicht fragen: ‚Warum bist du nicht Mose gewesen?‘ Man wird mich fragen: ‚Warum bist du nicht Sussja gewesen?‘‹«[7]

Dieser ganze Dienst Gottes in der liebenden Anteilnahme an der Welt, im Verwirklichen des Selbstseins, ist nicht in starren Ernst oder in düsteren Fanatismus getaucht, sondern geschieht in einer Grundstimmung der Freude, für die auch der chassidische Tanz ein Ausdruck ist, der an die Stelle von Kasteiung und Askese tritt:

»Rabbi Pinchas sprach: ›Alle Freuden stammen aus dem Paradies, auch der Scherz, wenn er in wahrer Freude gesprochen wird.‹«[8]

Diese ganze Weise der chassidischen Frömmigkeit ist eine Mystik der weltlichen Tat als Einung mit Gott in der Liebe zum Mitmenschen und der Schöpfung. In der Abwendung von weltabgewandter, isolierter Frömmigkeit, in der Zuwendung zu Welt und Gemeinschaftlichkeit hat sie Buber aufs tiefste bestimmt. Philosophisch verwandelnd hat er sich den chassidischen Geist angeeignet. Von da aus ist zu verstehen, wie sehr sich seine Philosophie auf die menschliche Begegnung von Ich und Du als Erfüllung des Menschseins konzentriert.

Die Heiligung der Welt bedeutet fundamental eine Absage an jede Möglichkeit eines isolierten religiösen Bezirks, in dem sich die Frömmigkeit konzentrieren könnte. Das betrifft nicht nur die Aussonderung des Kultus, sondern noch mehr das Ausscheiden einer besonderen religiösen Provinz im Inneren des Menschen, sei es als frommes Gefühl oder, darüber hinaus, als direkte mystische Einung mit Gott. Wo ein starker mystischer Zug, also ein Dürsten nach der Vereinigung mit Gott und eine Fähigkeit, solches zu erleben, vorhanden sind, erwächst häufig die Gefahr

7. III, S. 372. 8. III, S. 254.

solcher Abspaltung. Die Spannung zwischen einer introvertierten mystischen Versenkung und der verantwortlichen Zuwendung zum konkreten mitweltlichen Du wird jedem Mystiker zum echten Problem. Meister Eckhart entschied für sich, die höchste mystische Versenkung sei sogleich abzubrechen, wenn ein Hilfsbedürftiger an die Türe klopfe. Eine solche Bewertung verändert aber grundsätzlich die Tendenz der Mystik und stellt sie in einen anderen Raum. Genau dieselbe Entscheidung, wenn möglich noch grundsätzlicher, trifft der Chassidismus. Und auch für Buber ist eben dieser Entschluß, dem Religiösen als etwas Besonderem abzusagen, ein wesentlicher Schritt zu seiner Selbstwerdung. Es handelt sich beim Glaubensdenken Bubers um eine fundamentale, vom Chassidismus wesentlich mitbeeinflußte Wendung der Einstellung. Buber selbst war ja durchaus der religiösen Entrückung fähig, und er hatte das Religiöse als ein Herausgehobenwerden aus dem Alltag, als Entzückung, Erleuchtung, zeitlos, folgelos erfahren. Aber er verläßt diese Möglichkeit, tief beeindruckt durch eine denkwürdige Begegnung, die er unter dem bezeichnenden Titel »Eine Bekehrung« selbst erzählt:

»Es ereignete sich nichts weiter, als daß ich einmal, an einem Vormittag nach einem Morgen religiöser Begeisterung, den Besuch eines unbekannten jungen Menschen empfing, ohne mit der Seele dabei zu sein. Ich ließ es durchaus nicht an einem freundlichen Entgegenkommen fehlen, ich behandelte ihn nicht nachlässiger als alle seine Altersgenossen, die mich um diese Tageszeit wie ein Orakel, das mit sich reden läßt, aufzusuchen pflegten, ich unterhielt mich mit ihm aufmerksam und freimütig – und unterließ nur, die Fragen zu erraten, die er nicht stellte. Diese Fragen habe ich später, nicht lange darauf, von einem seiner Freunde – er selber lebte schon nicht mehr – ihrem wesentlichen Gehalt nach erfahren, habe erfahren, daß er nicht beiläufig, sondern schicksalhaft zu mir gekommen war, nicht um Plauderei, sondern um Entscheidung, gerade zu mir, gerade in dieser Stunde. Was erwarten wir, wenn wir verzweifeln und doch noch zu einem Menschen gehen? Wohl eine Gegenwärtigkeit, durch die uns gesagt wird, daß es ihn dennoch gibt, den Sinn.

Seither habe ich jenes ›Religiöse‹, das nichts als Ausnahme ist, Herausnahme, Heraustritt, Ekstasis, aufgegeben oder es hat mich aufgegeben.

Ich besitze nichts mehr als den Alltag, aus dem ich nie genommen werde ... Ich kenne keine Fülle mehr als die Fülle jeder sterblichen Stunde an Anspruch und Verantwortung ... Viel mehr weiß ich nicht. Wenn das Religion ist, so ist sie einfach *alles*, das schlicht gelebte Alles in seiner Möglichkeit der Zwiesprache.«[9]

Mit dieser Erfahrung Bubers, die sich wie fugenlos den chassidischen Geschichten anschließt, ist der Überstieg von der Überlieferung des unmittelbaren Glaubens zur religionsphilosophischen Reflexion Bubers gegeben. Sie kreist um die Begriffe Ich-Du und entwirft den Glauben als die dialogische Lebensform im Verhältnis zum endlichen und auch zum unendlichen Du.

3. Ich und Du

Theologie und Philosophie stehen bei Buber nicht in einem feindlichen Entweder-Oder einander gegenüber. So wie sein Glaube ein denkender, durchreflektierter Glaube ist, wenn auch aus den irrationalen Quellen der Seele und der jüdischen Überlieferung stammend, so ist seine Philosophie eine vom Transzendenten her aufgerissene und eine, in der auch Gott eine beherrschende Rolle spielt – und zwar Gott nicht als bloßer Begriff und nicht als Es, sondern als Du.

Damit ist das Stichwort ausgesprochen, um das Martin Bubers Philosophie kreist. Es geht um die Begegnung des Ich mit dem Du als Du und nicht als Es. Ungenügend wäre die Situation ausgedrückt, würden wir bloß sagen: Es geht um die Begegnung mit dem Du als Person und nicht als Sache. Diese banale Wendung würde das Entscheidende gerade verschleiern, daß mit dem »Du« ein Beziehungsgeschehen mitgemeint ist, das nicht nur das Gegenüber, sondern auch das Ich formt. Mit dem »Du« ist zugleich die Beziehung in die Dimension von Anrede und Verstehen gehoben. Diese Betonung des »Du« und der Anrede sind undenk-

9. I, S. 187.

bar ohne gerade den Hintergrund des alttestamentlichen Glaubens, in dem Gott wesenhaft als das anredende und ansprechbare Du erscheint. Für Buber ist gerade dies das hervorragende Heraustreten Israels aus der religionsgeschichtlichen Umwelt, daß es Gott so erfährt. »Die große Tat Israels ist nicht, daß es den einen wirklichen Gott lehrte, der Ursprung und Ziel alles Wesens ist, sondern daß es die Anredbarkeit dieses Gottes als Wirklichkeit zeigte, das Du-sagen zu ihm, das Mit-ihm-Angesicht-in-Angesicht-stehn, dem Umgang mit ihm.«[10] Die Analogie der anredenden Du-Erfahrung sowohl im zwischenmenschlichen wie im religiösen Bereich verklammert Philosophie und Glauben bei Buber noch stärker.

Um der Weltbezogenheit des Glaubens willen hat das endliche Du als menschlicher Partner sein besonderes Gewicht. So ist die Du-Philosophie keine kosmologische Spekulation, keine Metaphysik, sondern eine Philosophie, die zentral um das Problem des Menschen kreist. Bei allem engen Ideenaustausch, der sich von da aus sowohl mit der analytischen Psychologie als auch der Existenzphilosophie ergibt, mit denen sich Buber in intensivem Gespräch befindet, hat die Du-Philosophie doch eigene Wurzeln und kann weder in Psychologismus noch in Existentialismus aufgelöst werden. Sie sieht den Menschen letztlich stets vor Gott stehen in der Verantwortung, der Schuld und auch der letzten Barmherzigkeit über der Schuld. Es ist eine Philosophie, die im Grunde eine biblische Philosophie ist, freilich eine alttestamentliche. Indem es Philosophie ist, die um den Menschen kreist, ist es auch pädagogische Philosophie. Das dialogische Leben in der Ich-Du-Spannung hat gleichzeitig menschenbildende Absicht und Kraft.

Worauf es in diesem Entwurf eines menschlichen Koordinatensystems ankommt, hat Martin Buber schon in seiner frühen Schrift »Ich und Du« programmatisch ausgesprochen, deren erste Entwürfe auf das Jahr 1916 zurückgehen, in die Zeit des ersten

10. III, S. 742.

Weltkrieges, in der die Welt des alten Europa unterging und die junge Generation neue Gedanken erwägen mußte. Buber selbst erklärt, daß sich die wichtigsten seiner späteren philosophischen Schriften zu »Ich und Du« nur erläuternd und erklärend verhalten. Es ist ein lapidarer Ansatz:

»Die Welt ist dem Menschen zwiefältig nach seiner zwiefältigen Haltung. Die Haltung des Menschen ist zwiefältig nach der Zwiefalt der Grundworte, die er sprechen kann. Die Grundworte sind nicht Einzelworte, sondern Wortpaare. Das eine Grundwort ist das Wortpaar Ich-Du. Das andere Grundwort ist das Wortpaar Ich-Es, wobei, ohne Änderung des Grundwortes, für Es auch eins der Worte Er oder Sie eintreten kann. Somit ist auch das Ich des Menschen zwiefältig. Denn das Ich des Grundworts Ich-Du ist ein andres als das des Grundworts Ich-Es.
Grundworte sagen nicht etwas aus, was außer ihnen bestünde, sondern gesprochen stiften sie einen Bestand. Grundworte werden mit dem Wesen gesprochen. Wenn Du gesprochen wird, ist das Ich des Wortpaars Ich-Du mitgesprochen. Wenn Es gesprochen wird, ist das Ich des Wortpaars Ich-Es mitgesprochen. Das Grundwort Ich-Du kann nur mit dem ganzen Wesen gesprochen werden. Das Grundwort Ich-Es kann nie mit dem ganzen Wesen gesprochen werden.«[11]

Wo das Ich und das Du in ihrer Begegnung den Menschen ausmachen, da wird die Frage nach dem Wort, der Sprache als der das Menschliche bestimmenden Art der Kommunikation zentraler Gegenstand der Aufmerksamkeit. Das Wort erscheint bei Buber vor allem als das Wort, das gesprochen wird und im Miteinandersprechen eine Sphäre des »Zwischen«[12] schafft und somit den Menschen in die dialogische Situation bringt. Erst so wird der Mensch zum Menschen. Es realisiert sich etwas von der Gemeinschaftlichkeit, von dem Zueinanderhin und nicht Voneinanderweg, das das Menschwerden ausmacht. Denn nicht in einem sich isolierenden Individualismus, in dem nur das Ich existiert, oder einem bloßen Verhältnis Gott-Seele wird der Mensch Ich und Selbst. Die Ichwerdung bedarf der lebendigen und freien, sich austauschenden Gemeinschaft.

11. I, S. 79.   12. I, S. 444.

Gerade die Sprache ist nicht monologisch, sie ist als der Logos gemeinschaftlich. Sie entsteht nicht aus dem Begriff, sondern aus dem Mitteilen einer Situation und setzt gleichzeitig die Gemeinschaft wie die Distanz des Individuellen.
Alle diese anthropologischen Bestimmungen haben eine religiöse Dimension, weil sich die Gottesbeziehung nicht abgesehen vom Ich-Du-Verhältnis realisiert. Es ist gerade das Bubersche Menschenbild ein wesentlicher Teil seines denkenden Glaubens.
Das gilt auch für die Spannung von Beziehung und Gemeinschaft. Diese personalistisch durchgehaltene Spannung läuft in anderer Richtung als eine mystische Identität. Die Strukturanalogie zwischen dem innermenschlichen und dem religiösen Verhältnis tritt auch an diesem Punkt zutage. Er ist besonders wichtig im Hinblick darauf, daß sich Buber in einem sehr existentiellen Dialog mit der Mystik befindet. Das Problem von Identität und Beziehung von Nicht-identischem ist aber gerade im mystischen Zusammenhange von entscheidender Bedeutung. Buber entscheidet sich sehr klar gegen die Gemeinschaft aus Identität.
An dieser Stelle sieht er eine Grunddifferenz zwischen dem indischen und dem biblisch-abendländischen Menschenverständnis, die sich gleicherweise im religiösen Verhältnis wie im zwischenmenschlichen auswirkt, bestimmt sie doch auch die Auffassung dessen, was Liebe, ja was Gemeinsamkeit überhaupt ist.
Das altindische »Ta twam asi« (das bist du) als die Formulierung der letztlichen Identität mit dem Partner als Grundlage der Gemeinschaft scheint Buber die eigentlich menschliche Person zu annihilieren. Personsein beruht für ihn gerade auf der Nichtidentität mit anderem. Person ist Einmaligkeit, Unaustauschbarkeit und also Anderssein allem anderen gegenüber. Der chassidische Gedanke von der Einmaligkeit eines jeden Geschöpfes und dem eigenen, nicht nachahmbaren Weg, der jedem aufgetragen ist, findet nun seine philosophisch-anthropologische Ausprägung. Gemeinschaft, ja Liebe ist von diesem Standort aus etwas ganz anderes als die Entdeckung, daß ich mich selbst im Nächsten wiedererkenne. Das Geheimnis der Gemeinschaft liegt in der

Annahme des anderen gerade als anderen, primär Fremden. Distanz und Beziehung bilden das Koordinatensystem solcher Gemeinschaft, und nur in solcher Beziehung geschieht wirkliche Bereicherung durch den anderen, der anders ist als ich selbst.

»Wir aber sehen im Menschsein, in dem daraus sich ergebenden Umgang von Menschen miteinander die Chance der Begegnung zwischen Seiendem und Seiendem, in der jedes von beiden zwar nicht zu sich sagt: ›Das drüben bist du‹, wohl aber jedes zum andern: ›Ich nehme dich an wie du bist‹. Hier erst ist unverkürzte Existenz.«[13]

Die Erfahrung des »Das bist du« gilt vielmehr in einem anderen, abgründigeren Zusammenhang. Es ist die Erfahrung der Schuld. In ihr geht mir schaudernd meine eigene Identität mit dem Schuldiggewordenen auf, in der ganzen Irreversibilität der Schuld. Die Existentialschuld, die weit über psychologisch deutbare oder weginterpretierbare Schuldgefühle hinausreicht, reißt die Tiefe des Menschseins auf. »In diesem Sturz mitstürzend, wird der Träger der Schuld von dem Schauder des Identischseins mit sich selbst heimgesucht. Ich, bekommt er zu wissen, der ich ein anderer geworden bin, bin derselbe.«[14]
Die Dimension der Existentialschuld führt uns zu dem Partner, der in diesem Gespräch unsichtbar ständig gegenwärtig war, ohne daß direkt von ihm die Rede war. Das ewige Du, vor dem der Mensch steht, formt auch das ganze Menschenbild. Aus der Tiefe der biblischen Gottbezogenheit heraus denkend, kann Buber den Menschen nicht nur oberflächlich in einem Recht auf Glück, in weganalysierbaren Schuldgefühlen und einer gesellschaftsbestimmten Außensteuerung sehen. Leid und Schuld, vereinigt in dem Urseufzen der Kreatur, sind in ihrer ganzen Schwere mitgedacht, wenn das Wort »Mensch« gesprochen wird. Dieser Mensch aber ist nicht allein gelassen, nicht im Nichts nur dem Menschen gegenüber als das höchste Wesen, in metaphysischer Einsamkeit ragend.

13. I, S. 461. 14. I, S. 479.

Vielmehr ist das ewige Du dichteste Gegenwärtigkeit. Gott ist nicht etwas Abwesendes, dessen Existenz mühsam geglaubt werden muß, mag auch in »Gottesfinsternis« sein Wesen sich für uns verdunkeln. Gott ist auch nicht etwas, was sich einmal, in ferner Vorzeit, geoffenbart hat und von dem man nur im verkündigenden Wort hört. Er ist als ewiges Du Gegenwärtigkeit. Auch an dieser Stelle scheint der chassidische Urgrund in Bubers Denken durch, und es ist, im Übergang vom menschlich-dialogischen Leben zum ewigen Du, nochmals einer chassidischen Geschichte zu gedenken:

»Der Raw sprach einen Schüler, der eben bei ihm eintrat, so an: ›Mosche, was ist das, ‚Gott'?‹ Der Schüler schwieg. Der Raw fragte zum zweiten- und zum drittenmal. ›Warum schweigst du?‹ ›Weil ich es nicht weiß.‹ ›Weiß ich's denn?‹ sprach der Raw. ›Aber ich *muß* sagen; denn so ist es, daß ich es sagen muß: Er ist deutlich da, und außer ihm ist nichts deutlich da, und *das* ist er.‹«[15]

So ist das ewige Du gegenwärtig. Und das dialogische Leben findet seine Erfüllung erst in der Durchdringung mit dem ewigen Du. Eben das ist das Geheimnis, alles in diesem Du zu sehen. Nicht indem der Mensch von der Welt absieht, findet er Gott, auch nicht, indem er auf die Welt starrt. Die Welt aber in Ihm schauen, heißt in seiner Gegenwart stehen. Die Trennung von Welt und Gott führt nicht zu Gott, jedenfalls nicht zu dem Gott, der das ewige Du ist. Hier Welt – hier Gott – solche Rede ist für Buber Es-Rede, nicht Du-Rede. Aber auch das Gegenteil dieser Trennung von Welt und Gott, die Identifikation von Welt und Gott, etwa im Sinne Spinozas, ist Es-Rede. Der Weg des Du ist ein anderer. »Nichts ausschalten, nichts dahinterlassen – alles, all die Welt mit im Du begreifen, der Welt ihr Recht und ihre Wahrheit geben, nichts neben Gott, aber auch alles in ihm fassen, das ist vollkommene Beziehung.«[16]

So findet nicht derjenige, der aus der Welt geht, Gott, und auch der nicht, der ganz in der Welt bleibt, sondern der, der zu dem Du ausgeht und ihm die Welt zuträgt. Ein solcher findet den, wie

15. III, S. 390.

16. I, S. 131.

Buber sagt, »den man nicht suchen kann«[17]. Er findet ihn aber nicht einfach als Fernen, Fremden, Ganz-Anderen, so sehr Gott das alles auch sein mag, sondern als das ganz Gegenwärtige, als das Selbstverständliche, das mir näher ist als mein Ich selbst. Oder noch anders ausgedrückt: »Wenn du das Leben heiligst, begegnest du dem lebendigen Gott.«[18]

Es liegt am Tage, daß dieser lebendige Gott, dieses anredende und ansprechbare Du, dieser von alttestamentlicher Gegenwärtigkeit erfüllte Gott in viel dichterer Weise die menschliche Existenz in der Welt umgreift, ja umschließt, als es die Transzendenz eines Karl Jaspers tut. An dieser Stelle spüren wir den Unterschied zwischen dem elementar religiös Ergriffenen und dem doch religiös kühleren philosophischen Denker. Abgesehen davon gibt es durchaus wesentliche Analogien zwischen den Denkstrukturen von Jaspers und Buber. Das Es als die uneigentliche, das Du als die eigentliche Daseinsweise des Menschen bei Buber entspricht in gewisser Weise dem Unterschied zwischen der wissenschaftlich greifbaren Gegenstandswelt und der sich aufschwingenden Existenz in der Existenzphilosophie Karl Jaspers', da ja auch bei Jaspers die Existenz nicht einsam zu sich selber kommt, sondern in der Kommunikation und auch nur in bezug auf Transzendenz ist oder gar nicht. Auch bei Jaspers ist die Transzendenz das Umgreifende, das nicht an der Welt vorbei faßbar ist, aber als Grund und Halt der Welt diese durchdringt. Auch Jaspers ist von biblischen, vorwiegend alttestamentlichen Strukturen bewegt. Allein bei ihm tritt keine elementare religiöse Leidenschaft zutage, und er würde nicht derart pointiert von der Gegenwärtigkeit des ewigen Du reden.

In spekulativen Gedanken über Persönlichkeit und Überpersönlichkeit einer das Personhafte umgreifenden, aber unendlichen Transzendenz würden vielleicht Buber und Jaspers sich gar nicht so weit voneinander entfernt vorfinden. Aber der entscheidende Unterschied ist diese lebendige Gegenwärtigkeit, diese Anrufbar-

17. Ebd. 18. Ebd.

keit Gottes im Jetzt und Hier, die das Glühende und Elementare, man mag vielleicht sagen: das Fromme an der Weise Bubers, vom ewigen Du zu reden und von ihm erfüllt zu sein, ausmacht.

Deshalb verzichtet Buber auch im philosophischen Sprachgebrauch nicht auf den Ausdruck »Gott«, der ihm einzig angemessen scheint, das Gemeinte zum Ausdruck zu bringen. »Gott« ist für ihn weniger ein Begriff als ein Ruf, ja fast ein Name. Dahinter steht zweifellos die jüdische Tradition, bei der das Entscheidende nicht eine Definition Gottes war, sondern die Kenntnis des Namens als des Symbols der Anrufbarkeit. Schon im Alten Testament ist die Offenbarung des Gottesnamens Jahve der entscheidende Augenblick in der Selbstenthüllung Gottes. Und wenn Buber auch nicht von Jahve, sondern von Gott spricht, so ist doch der Sinn der Aussage ganz durch diese alttestamentliche Struktur der Gottesbeziehung geprägt. An dieser Stelle könnte Jaspers mit seiner Auffassung von der Transzendenz nicht mitgehen. Die Ich-Du-Philosophie Bubers, die dermaßen stark in der Gegenwärtigkeit des ewigen Du wurzelt, ist nicht denkbar ohne den Hintergrund der alttestamentlich-jüdischen Denkweise, daß Gott einen Namen hat.

Dabei ist nicht eine personhafte Vorstellung Gottes das Entscheidende, sondern das Verhalten zu dem Gegenüber. Auch dies ist gleichgültig, ob ich Jahve oder Zeus rufe. »Es ist nicht nötig, etwas über Gott zu wissen, um wirklich Gott zu meinen, und mancher wahre Gläubige weiß zwar zu Gott, aber nicht von ihm zu reden. Der unbekannte Gott, wenn man nur auf ihn zu zu leben, ihm entgegenzugehen, ihn anzurufen wagt, ist legitimer Gegenstand der Religion; wer sich weigert, Gott auf die Transzendenz zu beschränken, faßt ihn größer, als wer ihn darauf beschränkt; wer ihn aber auf die Immanenz beschränkt, meint etwas anderes als ihn.«[19]

In einem Zeitalter der »Gottesfinsternis«, wie Buber es bezeichnet, ist es für ihn eine besondere Aufgabe, in dieser Art auf Gott

19. I, S. 523.

hinzuweisen. Nietzsches »Gott ist tot« wird nicht durch ein philosophisches Denken widerlegt, das Gott abstrakt festhält, ihm aber die konkrete Gegenwärtigkeit des Gegenüber entzieht. Gott als Prozeß oder als Fülle des immanenten Geschehens oder auch als Bestandteil einer übersinnlichen Welt oder gar als bloße höchste Selbstbegegnung ist nicht, was Buber als Gott anerkennt. So reden heißt gerade nicht Gott meinen.

An dieser Stelle ist Bubers innerste Persönlichkeit betroffen. Wie tief er bewegt ist, spüren wir an seiner Wiedergabe eines Gespräches, das er mit einem alten Manne führte, der sehr aufmerksam seinen Gedanken gefolgt war, aber sich gegen den leichtfertigen Gebrauch des Wortes »Gott« auflehnte. Gott – ein geschändetes Wort, mit dem die Menschen jede Bluttat, jeden Verrat deckten. Das Höchste »Gott« nennen, klingt wie Lästerung. Das Wort ist unbrauchbar geworden. So empfindet es der alte Mann. In der Antwort Bubers schwingt sein Persönlichstes mit, und er kann nur antworten, weil ihm der Einwand des alten Mannes selbst nicht fremd ist:

»Ja, ... es ist das beladenste aller Menschenworte. Keines ist so besudelt, so zerfetzt worden. Gerade deshalb darf ich darauf nicht verzichten ... Wo fände ich ein Wort, das ihm gliche, um das Höchste zu bezeichnen! Nähme ich den reinsten, funkelndsten Begriff aus der innersten Schatzkammer der Philosophen, ich könnte darin doch nur ein unverbindliches Gedankenbild einfangen, nicht aber die Gegenwart dessen, den ich meine ... den die höllengepeinigten, himmelstürmenden Geschlechter der Menschen meinen. Gewiß, sie zeichnen Fratzen und schreiben ›Gott‹ darunter; sie morden einander und sagen ›in Gottes Namen‹. Aber wenn aller Wahn und Trug zerfällt, wenn sie ihm gegenüberstehn im einsamsten Dunkel und nicht mehr ›Er, er‹ sagen, sondern ›Du, Du‹ seufzen, ›Du‹ schreien, sie alle das Eine, und wenn sie dann hinzufügen ›Gott‹, ist es nicht der wirkliche Gott, den sie alle anrufen, der Eine Lebendige, der Gott der Menschenkinder?! Ist nicht er es, der sie *hört*? Der sie – erhört? Und ist nicht eben dadurch das Wort ›Gott‹, das Wort des Anrufs, das zum *Namen* gewordene Wort, in allen Menschensprachen geweiht für alle Zeiten? ... Wir können das Wort ›Gott‹ nicht reinwaschen, und wir können es nicht ganzmachen; aber wir können es, befleckt und zerfetzt wie es ist, vom Boden erheben und aufrichten über einer Stunde großer Sorge.«[20]

4. Das Gespräch mit dem christlichen Glauben

Die besondere Situation des Juden inmitten der christlichen Welt, also des biblisch, aber gerade nicht neutestamentlich-christlich geformten Menschen, fordert das Gespräch mit dem christlichen Glauben heraus. Es ist nicht nur für das Selbstverständnis des Juden von Bedeutung, sondern ebenso für den Christen. Die Religionskritik, speziell die Kritik des christlichen Glaubens und der Kirche, werden gewöhnlich von einem nachchristlichen Standort aus vollzogen. Im Christentum Erzogene wenden sich gegen ihre eigene Überlieferung. Feuerbach und Nietzsche sind nur besonders hervorstechende Beispiele solcher Haltung. Die außerchristliche Kritik am christlichen Glauben, etwa von seiten des Islam, bewegt – anders als im Mittelalter – das Religionsgespräch in Europa kaum. Um so wesentlicher ist der Dialog, wie er mit dem Christentum von seiten der nicht christlich, sondern genuin jüdisch gelesenen Bibel her erfolgt; schließlich ist es ein jüdisches Buch, das dem Christentum zugrunde liegt; und Jesus selbst war Jude.

Von besonderer Bedeutung wird der Dialog zwischen jüdischem und christlichem Verständnis des Glaubens von einer zugespitzten christlichen Position aus, die postuliert, die einzige Stelle, in der Gott sich öffnend den Menschen begegne, sei Jesus Christus, und außerhalb der Christusoffenbarung gebe es nur selbsterfundenen Götzendienst, jedoch keine Anbetung des lebendigen Gottes. Diese Auffassung ist in unserem Jahrhundert, in der Generation Martin Bubers, vehement vertreten worden und hat teilweise die kirchliche Theologie tief geprägt. Wo man nicht so weit ging, blieb jedenfalls das Schema im Hintergrund, wonach nur in

20. I, S. 509f.

Christus das Evangelium, also auch der Glaube seien, außerhalb jedoch nur das »Gesetz«.

Ein solches Christentum begegnet nun in Martin Buber einem jüdisch geprägten Denker, der gerade nicht »gesetzlich« im Sinne christlicher Polemik ist, sondern den »Glauben« in die Mitte rückt und das biblisch-alttestamentlich begründet, vor allem aus der Vertiefung in die prophetische Frömmigkeit.

Das ist von außerordentlicher Bedeutung. Für den Christen ist es heilsam, einmal von christlichen Vorurteilen abzusehen und ein Glaubensverständnis aufzunehmen, das nicht durch Paulus, Augustin, Luther und Zwingli geprägt ist, sondern andere, wenn auch biblische Wurzeln hat. Es ist keineswegs so, daß im Alten Testament schlicht vom Gesetz, im Neuen Testament dagegen vom Glauben die Rede wäre. Glaube ist nicht ein Privileg des Christen. Es ist für den Christen gut, im Gespräch mit einem jüdischen Denker des Glaubens wie Buber zu lernen, daß vor Christus Gott nicht unbekannt war und daß es nicht angeht, alle Rede von Gott vor und außer Christus mit einer Handbewegung grundsätzlich als Götzendienst abzutun.

Der Gedanke, vor Christus sei Gott unbekannt gewesen und ohne Christus wären wir entweder Atheisten oder Götzendiener, ist kein biblischer, sondern ein gnostischer Gedanke. Jesus Christus selbst hat sich positiv auf die vor ihm existierende, alttestamentliche Gotteserkenntnis berufen, wenn er auch in seinem Durchbruch zu Neuem zu dem, was »Moses« sagte, in einer dialektischen Spannung stand. »Ihr habt gehört, daß zu den Alten gesagt ist – ich aber sage euch«: – das ist wohl neuer Aufbruch, aber es ist nicht Abbruch, schlechthinige Widerlegung des Alten, das ja nicht aufgehoben, sondern modifiziert wird. Das Gebot »Du sollst nicht töten« wird nicht aufgehoben, sondern vertieft interpretiert.

So ist für unsere Fragestellung nach dem Verständnis des Glaubens Martin Bubers Auseinandersetzung mit dem christlichen Glauben, insbesondere mit seiner durch Paulus geprägten Gestalt, von besonderem Interesse. Er hat dieses Gespräch unter

dem Stichwort »Zwei Glaubensweisen«[21] geführt. Damit legt er von vorneherein fest, daß es sich nicht um eine Auseinandersetzung zwischen dem *Glauben* (den Paulus und die Christen vertreten würden) und dem *Gesetz* oder der *Vernunft* handelt, sondern in der Tat um ein Gespräch innerhalb des Glaubens, nämlich zwischen zwei verschiedenen Glaubensweisen.
Wenn Buber das Christentum als Gesprächspartner wählt, so meint er damit die Gestalt des Glaubens, wie sie durch das urchristliche Kerygma von Jesus als dem Christus Weltwirkung bekommen hat. Vereinfachend gesagt ist es die Perspektive des Paulus. Davon unterscheidet Buber die Verkündigung Jesu selbst. Er nimmt Jesus von Nazareth weit stärker in den jüdischen Raum hinein. Er unterscheidet also, durchaus im Einklang mit den christlichen Neutestamentlern wie Rudolf Bultmann, zwischen dem historischen Jesus und dem verkündigten Christus. Dem Gottmenschen des Dogmas steht er fern, Jesus von Nazareth aber nahe wie einem Bruder:

»Das Neue Testament ist seit nahezu 50 Jahren ein Hauptgegenstand meiner Studien gewesen, und ich meine, ein guter Leser zu sein, der unbefangen hört, was gesagt wird.
Jesus habe ich von Jugend auf als meinen großen Bruder empfunden. Daß die Christenheit ihn als Gott und Erlöser angesehen hat und ansieht, ist mir immer als eine Tatsache von höchstem Ernst erschienen, die ich um seinet- und um meinetwillen zu begreifen suchen muß ... Mein eigenes brüderlich aufgeschlossenes Verhältnis zu ihm ist immer stärker und reiner geworden, und ich sehe ihn heute mit stärkerem und reinerem Blick als je.«[22]

Zwei Glaubensweisen stehen sich also nach Buber gegenüber. Was ist für ihn überhaupt »Glaube«, und wie unterscheiden sich die Glaubensweisen voneinander?
Von der ganzen Anlage des Buberschen Denkens her, auch von der Ich-Du-Philosophie her, ist es klar, daß Glaube als ein Beziehungsverhältnis oder noch besser Beziehungsgeschehen zu

21. I, S. 651. 22. I, S. 657. »Heute« ist im Textzusammenhang 1950.

verstehen ist. Irgendein intellektueller Glaubensbegriff, nach dem Glaube die Bejahung von theoretischen Sätzen wäre, liegt außerhalb jeder Diskussion. Glaube ist nicht Gnosis. Das wäre das grundlegende Mißverständnis. Innerhalb aller Religionen, also auch innerhalb des Judentums und des Christentums, geht es zunächst um die Auseinandersetzung zwischen solcher Gnosis und dem, was Buber die »devotio«[23] nennt, den »uneingeschränkten, mit dem Leben der sterblichen Stunden geübten Dienst an dem als Gegenüber und immer wieder als Gegenüber vergegenwärtigten Divinum«[24]. Nur innerhalb der devotio, nicht innerhalb der Gnosis kann sinnvollerweise vom Glauben die Rede sein. Im Glauben liegt ein Anerkennen, das sich nicht auf Gründen aufbaut. Sei es nun ein Anerkennen von Wahrheit, sei es ein Vertrauen, das mit zum elementaren Glaubensakt gehört – es lassen sich wohl Gründe geltend machen, aber sie sind nicht der eigentliche Grund des Glaubens. Solche Gründe sind eher nachträgliche Rationalisierungen und Rechtfertigungen. Der Grund der Glaubenshaltung liegt tiefer in der seelischen Ganzheit. Damit ist nicht ein Ausspielen von »Irrationalem« gegen die Ratio, den Logos, das Denken gemeint, auch nicht ein Gründen des Glaubens im Gefühl. Denn das Denken gehört ebenso zur Ganzheit des Menschen wie die Irrationalität, macht aber nicht schon für sich die Ganzheit aus.

Die Ganzheit aber ist für den wirklichen Glaubensakt entscheidend:

»Meine Rationalität, meine rationale Denkfunktion ist ja eben nur ein Teil, eine Teilfunktion meines Seins; wo ich aber ›glaube‹, in der einen oder in der andern Weise, tritt mein ganzes Sein, tritt die Ganzheit meines Seins in den Vorgang ein, ja er wird überhaupt erst dadurch möglich, daß jenes Glaubensverhältnis ein Verhältnis meines ganzen Seins ist. Personale Ganzheit in diesem Sinn kann aber nur zustande kommen, wenn auch die gesamte Denkfunktion, ohne beeinträchtigt zu werden, in sie eingeht und in ihr wirken darf, als ihr eingeordnet und von ihr bestimmt.«[25]

23. III, S. 951. 24. III, S. 952. 25. I, S. 653.

Damit ist von vorneherein das Verhältnis von Denken und Glauben nicht als ein gegensätzliches, sich ausschließendes bestimmt. Nicht das Verhältnis zum Denken ist das Kontroverse. Der Grundgegensatz zwischen den beiden Glaubensweisen, konkret der jüdischen alttestamentlich prophetischen und der christlich-paulinischen, liegt anderswo. Er ist wohl am deutlichsten in dem Satz ausgesprochen: »In der einen (sc. Glaubensweise) ›findet sich‹ der Mensch im Glaubensverhältnis, in der andern ›bekehrt er sich‹ zu ihm. Der Mensch, der sich darin findet, ist primär Glied einer Gemeinschaft, deren Bund mit dem Unbedingten ihn mit umgreift und determiniert; der Mensch, der sich zu ihm bekehrt, ist primär ein Einzelner, zu einem Einzelnen Gewordener, und die Gemeinschaft entsteht als Verband der bekehrten Einzelnen.«[26] Dieser Gegensatz ist nicht abstrakt zu überspitzen, das ist Buber klar. Auch dem Menschen, der sich im »Bunde« vorfindet, muß das subjektive Bewußtsein zuwachsen. Andererseits stiftet auch die christliche Kirche einen objektiven Bestand, in dem sich der Christ schon vorfindet. Wenn auch der Grundsatz, daß man Christ wird, nicht als Christ geboren werden kann, seit seiner Formulierung durch Tertullian in der Christenheit nie ernsthaft bestritten worden ist, so zeigt doch die Nähe von Kindertaufe und Beschneidung, daß der Gegensatz nicht verabsolutiert werden kann. Immerhin weist Buber darauf hin, daß der alte Bund ein Ruf an die Stämme, das Volk war, der neue Bund dagegen sich als Appell an die einzelnen weitertrug.

Bubers Analyse der Spannung zwischen den beiden Glaubensweisen geht aber noch tiefer. Die »Emuna« und die »Pistis«, wie er sie nach dem alttestamentlichen und dem paulinisch-griechischen Ausdruck bezeichnet, sind nicht nur durch die auf der einen Seite volksgeschichtlichen, auf der anderen Seite individualgeschichtlichen Strukturen unterschieden. Nicht nur bezeichnet die »Emuna« ein »Beharrensverhältnis«[27] des Vertrauens im existentialen Sinne, die Pistis aber ein Bekehrungsverhältnis. Vielmehr gehört

26. I, S. 654. 27. I, S. 779.

zu der christlich-paulinischen Weise der Pistis neben dem personalen Bezug auch noch ein Sachverhältnis. Buber meint das so, daß der christliche Glaube die Anerkennung eines sachlichen Tatbestandes als Wahrheit mitfordere. »An den zu Bekehrenden tritt Forderung und Weisung, das zu glauben, was er nicht in der Kontinuität, nur im Sprung zu glauben vermag. Gewiß wird der Innenbezirk des Glaubens nicht als ein Fürwahrhalten, sondern als eine Seinsverfassung verstanden; aber der Vorhof ist das Fürwahrhalten des bisher nicht für wahr, ja gar für absurd Gehaltenen, es gibt keinen anderen Zugang.«[28] In dieser, durch Kierkegaardsche Wendungen eines radikalen Paulinismus zugespitzten Formulierung äußert sich Bubers Widerspruch gegen die christliche Glaubensweise grundsätzlich. Er lehnt das Fürwahrhalten als Vorbedingung des Glaubens ab.

Nun gibt es freilich innerhalb des Christentums den Protest gegen die orthodoxe Verwechslung von Fürwahrhalten und Glauben längst. Aber es ist Buber zuzugeben, daß in der christlichen Überlieferung eine Komponente liegt, die das Fürwahrhalten bestimmter Sachverhalte, die nicht unmittelbar einleuchtend sind, zum Grundbestandteil des christlichen Glaubens macht. Es sei nur etwa an die Forderung gedacht, an die Auferstehung Christi als historisches Faktum oder an die Gottmenschheit Jesu zu glauben. Buber legt aber doch das Paulinisch-Christliche zu einseitig auf diese Komponente hin aus. Die Bedeutsamkeit seines Beitrages zum Gespräch der beiden Glaubensweisen scheint mehr darin zu bestehen, daß er die jüdische Weise des Glaubens gegen eine von der paulinischen Gesetzespolemik her bestimmte Art der Christlichkeit in Schutz nimmt und fatale Mißverständnisse beseitigt, als darin, daß er eine bessere Interpretation des Paulinismus selbst böte. In der Erhellung des Selbstverständnisses der jüdischen Weise von »Glauben« hat er aber Einzigartiges geleistet. Ein Gespräch des christlichen Glaubens mit dem jüdischen kann nicht mehr an Bubers Analysen vorbei zu den verständnis-

28. I, S. 656.

losen polemischen Klischeeurteilen zurückgehen.

Das Aussprechen der Gegensätze ist aber, so notwendig es auch für einen Juden in christlich-abendländischer Umgebung ist, nicht das letzte Wort Bubers. Sein weiter und tiefer Geist umfaßt die Gemeinsamkeit allen ernsthaften Gottsuchens und Gottdienens. Vor der Stunde der großen Sorge, in der Nacht der Gottesfinsternis, ist die Gemeinschaft größer als das Trennende. Buber wurzelt wohl im Judentum, ragt aber weit darüber hinaus ins Universale. Sein Beitrag zum Denken des Glaubens ist ein Beitrag an die ganze Menschheit, gerade in seiner Konkretheit des Wurzelgrundes. Sein Weg aber ist ein Weg der Gemeinschaft, der das Du sucht, den andern, dem es ernst ist. In solchem Ernst vollzieht sich die Gemeinschaft des Glaubens ohne konfessionelle Schranken. »Denn wo zwei wahrhaft beisammen sind, sind sie es im Namen Gottes.«[29]

29. I, S. 510.

Albert Schweitzer

1875–1965

In Kaysersberg als Pfarrerssohn am 14. Januar 1875 geboren, wuchs Albert Schweitzer in Günsbach, in der Nähe von Colmar, auf. Das Elsässerdorf, in dem er später sein Gästehaus baute, blieb ihm Heimat und ist heute Sitz des Albert-Schweitzer-Archivs. In Straßburg studierte Schweitzer Theologie und Philosophie. Durch das Jesuswort »Wer sein Leben erhalten will, der wird es verlieren, wer es aber verliert um meinetwillen, der wird es finden« bewegt, faßte Schweitzer früh den Entschluß, bis zu seinem 30. Lebensjahre der Wissenschaft und der Kunst zu leben, dann aber unmittelbar den Menschen zu dienen. Nachdem er sich als Neutestamentler mit der Entdeckung der »konsequenten Eschatologie« und als Organist einen Namen gemacht hatte, begann er mit 30 Jahren Medizin zu studieren, um in Äquatorialafrika ein Spital zu eröffnen. 1913 gründete er das Urwaldspital in Lambarene. Im Laufe des Weltkrieges wurde er als Deutscher interniert und nach Frankreich gebracht; das Werk zerfiel. 1924 baute er es wieder auf. Lambarene wurde zum weltweit ausstrahlenden Symbol christlicher Humanität, und Schweitzer verließ das Spital nur noch für kurze Europaaufenthalte. Bis zu seinem Tode blieb er unermüdlich tätig.

Neben seiner Wirksamkeit als Urwaldarzt veröffentlichte er zahlreiche Werke, die seinen Namen in die ganze Welt hinaustrugen. In der

»Geschichte der Leben-Jesu-Forschung« stellte er die eschatologische Bedingtheit Jesu dar. Sein Buch über Johann Sebastian Bach gilt noch heute als klassische Darstellung des Thomaskantors. In »Kultur und Ethik« entfaltete er die Lehre von der »Ehrfurcht vor dem Leben«. »Zwischen Wasser und Urwald« schilderte die Erlebnisse in der ersten Zeit von Lambarene. Zahlreiche weitere theologische und kulturphilosophische Werke entsprangen seiner Feder, ein umfangreicher Nachlaß harrt noch der Edition. Daneben bewältigte der Unermüdliche, der tagsüber das Spital betreute und nachts am Schreibtisch saß, eine unabsehbare Korrespondenz über die ganze Welt hin. Die Zehntausende von Briefen werden in Günsbach gesammelt.

Einfach und bescheiden bis zuletzt bewahrte der große Mahner der Humanität seine unmittelbare Menschlichkeit einem jeden gegenüber. Am 4. September 1965 verstarb Albert Schweitzer nach einigen Tagen des Unwohlseins in Lambarene, umgeben von den Seinen, unter den Klängen Bachscher Musik.

1. Das Verhältnis von Theologie und Philosophie

Albert Schweitzer gehört zu jenen Menschen, die durch die Geschlossenheit ihrer Persönlichkeit bei gleichzeitig größtem Reichtum des Geistes beeindrucken. Nicht nur sind bei ihm Denken und Tat verschmolzen, sondern es konvergieren bei ihm auch Glaube und Denken, Philosophie und Religion. Als Denker des Glaubens gehört er zu jenen Gestalten unseres Jahrhunderts, die an der Vereinbarkeit des Glaubenskerns des Christentums mit der Rationalität festgehalten haben. In einer Zeit, in der die Kirche das Mißtrauen gegen die Vernunft erneut proklamierte und umgekehrt das emanzipierte Denken sich immer weiter von christlichen Inhalten entfernte, hat er unbeirrt daran festgehalten, daß wahres Christsein dem wahren Menschsein gleichzusetzen sei und daß zu Ende gedachte Philosophie in rationaler Reflexion bestätige, was Jesus in elementarer Unmittelbarkeit als den tiefsten Sinn des menschlichen Lebens erschaut hat. Tiefes Denken geht für ihn zuletzt ohne Bruch in mystisches Erfahren über. In der universalen Formel von der Ehrfurcht vor dem Leben treffen sich die Ströme der christlichen Überlieferung und des rationalen Denkens. Die sowohl von der Religion wie von der Philosophie ersehnte gleichzeitig weltbejahende und ethisch-verantwortliche Sinndeutung der menschlichen Existenz findet darin ihr Ziel. Das Denken ist daher nicht der Feind des Glaubens. Aller Denkfeindlichkeit aus den verschiedenartigsten Winkeln christlicher Tradition hält er das Bekenntnis entgegen:

»Das Christentum kann das Denken nicht ersetzen, sondern muß es voraussetzen ...

Von mir selber weiß ich, daß ich durch Denken religiös und christlich blieb.

Der denkende Mensch steht der überlieferten religiösen Wahrheit freier gegenüber als der nichtdenkende; aber das Tiefe und Unvergängliche, das in ihr enthalten ist, erfaßt er lebendiger als dieser.«[1]

1. (Titel ohne Autorenbezeichnung sind Werke Albert Schweitzers.) Aus meinem Leben und Denken, Leipzig 1935, S. 206.

Schweitzer hat gleichzeitig als Philosoph und als Theologe begonnen. Sein erstes Werk ist eine bedeutende philosophische Arbeit über Kant; die Habilitation an der theologischen statt der philosophischen Fakultät geschah vor allem deshalb, weil man dem jungen Akademiker nahelegte, im Falle einer Habilitation in Philosophie nicht mehr das Amt eines Predigers auszuüben. Schweitzer, obwohl an sich gerne an der philosophischen Fakultät tätig, mochte diesen Verzicht nicht leisten und verzichtete lieber auf die philosophische Tätigkeit als auf das Predigtamt an St. Nikolai in Straßburg. Dieses kleine Stück Biographie erhellt blitzartig die Situation Schweitzers zwischen Evangelium und Philosophie; er selbst sieht keine Kluft, da er aber wählen muß, wählt er das Predigtamt. Das ist zeit seines Lebens so geblieben. Jede Konstruktion der Entwicklung Schweitzers, die davon ausgeht, er sei als ein gescheiterter Theologe zur Philosophie übergegangen, ja vom abendländischen Christentum zu indischer Philosophie, ist vollständig verfehlt.

Diese falschen Annahmen stützten sich teilweise auf die Tatsache, daß Schweitzer später ein Buch über die indischen Denker veröffentlicht hat. Diese Arbeit über Indien bedeutet aber nicht ein Verlassen der christlichen Grundlage, wie die späteren theologischen Werke beweisen, sondern eine universale Ausweitung des Denkhorizontes.

Das Buch über die indischen Denker ist nicht isoliert zu betrachten; es ist ein Teil der Arbeiten für die Kulturphilosophie, die eine Geschichte des gesamten Denkens der Menschheit im Hinblick auf die ethischen Probleme enthalten sollte. Parallel dazu steht eine Studie über die chinesischen Denker, die bisher nicht veröffentlicht ist. Der Weg Schweitzers geht also nicht von Christentum und Abendland weg, sondern von da aus in eine große Universalität, die das Menschliche überall sucht.

Wollen wir Schweitzer nun speziell als Denker des Glaubens würdigen, dann legt es sich nahe, zunächst die philosophischen Grundlagen seines Denkens zu analysieren und hierauf seine Schau des Evangeliums und der Person Jesu zu charakterisieren.

Daraus wird sich uns ein vertieftes Verständnis sowohl der christlichen wie der philosophischen Dimension der Formel von der Ehrfurcht vor dem Leben ergeben, die Schweitzer durchaus als Synthesis, ja Einheit von Denken und Religion empfindet. Endlich haben wir noch die religiöse Dimension der Ehrfurcht vor dem Leben als ethische Mystik und deren Verhältnis zum Christlichen ins Auge zu fassen. Die zu setzenden Akzente werden teilweise vom konventionellen Schweitzerbild etwas abweichen, insbesondere von dem Klischee, das sich manche Theologen von dem Mann aus Lambarene gemacht haben.

2. Die philosophischen Grundlagen des Denkens Albert Schweitzers

Der zentrale philosophische Begriff Schweitzers, den es zu verstehen gilt, um nicht nur seine Deutung Jesu, sondern auch die Grundidee der Ehrfurcht vor dem Leben richtig zu erfassen, ist der *Wille*. Der Wille ist für Schweitzer keineswegs eine partikulare Kraft im Menschen, auch nicht der Inbegriff der moralischen Disziplin. Man hat Schweitzer gelegentlich so mißverstanden und ihn zu einem gesetzlichen Moralisten gemacht; auch sein zentraler Satz für die Deutung Jesu, daß Jesus für uns nicht eine Autorität der Erkenntnis, sondern eine solche des Willens sei, hat man einschränkend, moralistisch und gesetzlich fehlinterpretiert. Wille ist für Schweitzer vielmehr das universale, elementare Grundphänomen der Lebendigkeit überhaupt. Sein ist Wille, Leben ist Wille zum Leben. Schweitzer kommt also philosophisch ganz vom idealistischen Verständnis des Seins her. Am Anfang dieser Linie steht Fichte, der nicht die Substanz, sondern die Tathandlung als das Primäre verstand. Ebenso wäre an Schelling zu denken, der gegen Spinoza festhielt:

»Es gibt in der letzten und höchsten Instanz gar kein anderes Seyn als Wollen. Wollen ist Urseyn, und auf dieses allein passen alle Prädicate desselben: Grundlosigkeit, Ewigkeit, Unabhängigkeit von der Zeit, Selbstbejahung. Die ganze Philosophie strebt nur dahin, diesen höchsten Ausdruck zu finden.«[2]

Wille ist die universale Lebensdynamik, ist das Geheimnis des Seins überhaupt. Wenn Schweitzer philosophisch vom Willen zum Leben redet, dann meint er nichts vitalistisch Eingeschränktes. Die Grundworte Wille und Geist sind im Sinne des idealistischen Weltverständnisses gebraucht. Auch die Unterscheidung zwischen dem unendlichen und dem endlichen Willen zum Leben weist in diese Richtung. Das, was man die »pantheistische Komponente« in Schweitzers Denken genannt hat, hat in dieser idealistischen Grundlage seine Wurzeln. Eine biologisch-vitalistische Deutung seines Lebensverständnisses aber wäre ein vollendetes Mißverständnis, von dem aus nicht zu begreifen wäre, warum die Ehrfurcht vor dem Leben eine religiös-mystische Komponente hat.

Wenn Schweitzer auf die vergangene Philosophie zurückblickt, preist er besonders die Aufklärung. Ihre Hochschätzung der Vernunft und ihre Praxisverbundenheit entsprechen seiner eigenen Denkweise. Trotz dieser Vorliebe für die Aufklärung kehrt er aber nicht über den Idealismus hinweg zu ihr zurück, da er viel zu tief von dem idealistischen Grundgedanken ergriffen ist, daß der Grund allen Seins Lebendigkeit, Dynamik des Willens ist.

Soviel ihn aber auch mit Fichte oder Schelling verbinden mag, nicht diese beiden sind seine direkten Gesprächspartner, sondern Schopenhauer und Nietzsche. Nun ist Schopenhauers Willensbegriff ganz dem idealistischen Kontext entnommen, Nietzsche aber ist durch Schopenhauer mitgeformt. Beide aber haben den Willensbegriff in charakteristischer Weise weiterentwickelt. In der Auseinandersetzung mit ihnen werden die beiden für

2. Schelling, Philosophische Untersuchungen über das Wesen der menschlichen Freiheit und die damit zusammenhängenden Gegenstände, 1809, zit. in: Schellings Werke, ed. M. Schröter, München 1958, Bd. IV, S. 242 (Originalausgabe VII, S. 350).

Schweitzer zentralen Probleme der Welt- und Lebensbejahung (oder -Verneinung) und der Ethik manifest.
Schweitzer sagt selbst von sich:

»Wenn meine Philosophie der Ehrfurcht vor dem Leben als eine Synthese von *Schopenhauer* und *Nietzsche* bezeichnet worden ist, habe ich gegen diese Charakterisierung nichts einzuwenden. Mit *Schopenhauer* hat sie gemein, daß sie auf jede Erklärung der Welt verzichtet und den Menschen einem rätselhaften, leidvollen Geschehen unterworfen sein läßt. Mit *Nietzsche* geht sie in der Welt- und Lebensbejahung und in der Erkenntnis, daß Ethik irgendwie mit Welt- und Lebensbejahung zusammenhängen müsse. *Schopenhauer* und *Nietzsche* sind die beiden großen elementaren Denker der modernen Zeit. In unmittelbarer Weise haben sie das gewaltige Problem unseres Verhaltens zu uns selbst und zur Welt erlebt und aufgestellt. Beide waren tiefe ethische Denker, indem sie Ethik, im Gegensatz zu den braven Nützlichkeitsethikern, als ein aus innerer Notwendigkeit kommendes und auf die Vollendung der Persönlichkeit gehendes Verhalten erfaßten. Irgendwie muß also alles aussichtsvolle Denken sich als eine Synthese von *Schopenhauer* und *Nietzsche* darstellen.«[3]

Schopenhauer und Nietzsche vermochten ihn zu bewegen, aber nicht zu überzeugen. An Schopenhauer ergreift ihn das unendliche Mitleid mit der leidenden Kreatur, eben das, was ihn später auch mit dem asiatischen Denken verband. Besonders lobt er, daß Schopenhauer das Mitleid nicht auf den Menschen beschränke, sondern auf jedes noch so armselige Geschöpf ausdehne.
Aber er kann sich nicht damit abfinden, daß Schopenhauer dem Leben keinen letzten Sinn zubilligt und in einer pessimistischen Welt- und Lebensverneinung endet. Damit wird auch der ethische Ansatz Schopenhauers verdorben. Es bleibt beim zuschauenden Mitleiden, es kommt nicht zum Wirken. So sagt Schweitzer über Schopenhauers Welt- und Lebensverneinung: »Einer unheimlichen Sonne gleich steht sie am Himmel und zehrt die Ethik

3. Selbstdarstellung, Bern/Leipzig 1929, S. 38 f.

wie ein Gewölk, von dem vergebens belebender Regen erwartet wird, auf.«[4]

Gerade das Umgekehrte bewegt ihn an Nietzsche. Die Ehrlichkeit seiner leidenschaftlichen Polemik gegen die konventionelle Ethik und die Unnatürlichkeit der Askese spricht ihn an. Die höhere Lebensbejahung, zu der Nietzsche mit elementarem Lebenswillen vorstößt, scheint ihm am Ende wahrer als der müde Pessimismus Schopenhauers. Aber Nietzsche scheitert daran, daß für ihn höhere Lebensbejahung nicht höhere Geistigkeit sein kann, sondern nur intensiveres Leben auf der Basis des Willens zur Macht. Bei Nietzsche wird die Ethik zwar nicht von der Lebensverneinung aufgezehrt, aber von dem Egoismus des Willens zur Macht, der sich nicht als Wille zum Leben inmitten von anderem Leben, das es ebenso zu würdigen gilt, versteht. So lautet seine Kritik:

»Der Trank, den Nietzsche bietet, besteht nur aus Schaum. Groß ist er im Fragen. Daß er in das moderne Denken mit einer solchen Wucht die alte Frage nach der Geltung der überlieferten Idee des Guten hineinwirft und ihm dadurch die Krise, in der er sich befindet, offenbar macht, gehört zu den bedeutungsvollsten Geschehnissen in der Geschichte des Geisteslebens der Menschheit.
Als Beantworter seiner Frage aber ist er klein. Daß er sich keine Rechenschaft davon gibt, wie schwer es ist, etwas anderes an die Stelle der Ethik zu setzen, sondern sich mit klingenden Worten zufriedengibt, bewirkt, daß der letzte Eindruck seiner Werke nur immer der der Enttäuschung sein kann. Wo man den Denker hören möchte, läßt sich nur der Dichter vernehmen.«[5]

Zwischen dieser Skylla und jener Charybdis hindurch sucht Schweitzer seinen Weg, um durch Denken eine Weltanschauung zu begründen, die gleichzeitig welt- und lebensbejahend wie diejenige Nietzsches und ethisch wie diejenige Schopenhauers ist,

4. Kultur und Ehtik, München 1923, S. 167.
5. Aus einem noch unveröffentlichen Manuskript zur Fortsetzung der Kulturphilosophie.

jedoch nicht passiv wie diejenige Schopenhauers, sondern von der Dynamik Nietzsches erfüllt. Wir sehen dabei noch ganz von dem christlichen Impuls ab. Das fundamentale Ergriffensein durch Jesus von Nazareth fehlt beiden, Nietzsche wie Schopenhauer. Erst in der Konfrontation und Synthese zwischen diesem Ergriffensein und dem durch Schopenhauer und Nietzsche geformten philosophischen Denken wird sich uns Schweitzer als Denker des Glaubens erschließen.

Doch zuvor ist noch ein Mißverständnis auszuschließen: Welt- und Lebensbejahung heißt nicht Optimismus, Welt- und Lebensverneinung nicht Pessimismus. Zu tief von der pessimistischen Weltdeutung Schopenhauers bewegt, unterscheidet Schweitzer diese beiden Begriffe genau:

»Im gewöhnlichen Sprachgebrauch heißt die Lebens- und Weltbejahung Optimismus und die Lebens- und Weltverneinung Pessimismus. Diese Benennung ist irreführend, insofern als die Lebens- und Weltbejahung und der Optimismus, wie auch die Lebens- und Weltverneinung und der Pessimismus nicht miteinander identisch, sondern nur miteinander verwandt sind. Optimismus und Pessimismus sind Betrachtungsweisen der Dinge. In ihnen spielt die besondere Beanlagung (Veranlagung??) des Menschen mit, auf Grund derer er die Dinge mehr in hell oder mehr in dunkel sieht und in dem, was ihm widerfährt, sich mehr an das Erfreuliche oder das Nicht-Erfreuliche hält. Wohl geht der Optimismus mit der Lebens- und Weltbejahung und der Pessimismus mit der Lebens- und Weltverneinung zusammen. Aber Lebens- und Weltbejahung und Lebens- und Weltverneinung sind etwas Umfassenderes und Tieferes als Optimismus und Pessimismus, sie sind nicht eine Beurteilungsweise der Dinge, sondern eine Bestimmtheit des Willens. Diese Bestimmtheit des Willens kann unter dem mitwirkenden Einfluß der mehr optimistischen oder mehr pessimistischen Beanlagung wie auch unter dem der Gunst oder Ungunst der Geschehnisse entstanden sein. Aber sie ist nicht einfach ihr Ergebnis. Die tiefste Lebens- und Weltbejahung ist die, die der illusionslosen Beurteilung der Dinge und dem Unglück abgerungen wird, die tiefste Lebens- und Weltverneinung die, die sich trotz heiterer Sinnesart und glücklicher äußerer Umstände ausbildet. Es ist aber nicht angängig, in Philosophie von Optimismus und Pessimismus zu reden und damit die Lebens- und Weltbejahung und die Lebens- und Weltverneinung zu meinen.«[6]

3. Die Deutung des christlichen Glaubens

Das Verhältnis Schweitzers zum Christentum ist vor allem durch die Begegnung mit dem historischen Jesus bestimmt, weniger durch das Alte Testament und schon gar nicht durch einen dogmatischen Christusglauben oder heilsgeschichtliche Konstruktionen. Neben Jesus, wie er durch die synoptischen Berichte hindurchleuchtet, hat nur noch Paulus selbständiges Gewicht.
Die Beziehung zu Jesus ist zunächst eine emotionale; sie reicht tief bis in die Kindheit zurück und behält bis zuletzt eine gewisse Verwandtschaft mit pietistischen Formen der Jesusverbundenheit. Worte Jesu werden für Schweitzer lebensverpflichtende Gebote. Der Entschluß, bis zum dreißigsten Lebensjahr der Wissenschaft und der Kunst zu leben, dann aber das Leben im unmittelbaren Dienen an den Mitmenschen zu verbrauchen, geht auf den Gehorsam gegen das Wort Jesu zurück: »Wer sein Leben will behalten, der wird es verlieren, und wer sein Leben verliert um meinet- und des Evangeliums willen, der wird es behalten.«[7] Die Formel von der Ehrfurcht vor dem Leben ist erst eine nachträgliche rationale Begründung des Schrittes, der aus christlichen Impulsen heraus getan wurde. Schweitzer versteht seine Philosophie als die philosophische Erweiterung und vernunftnotwendige Grundlegung der Verkündigung Jesu. Von da aus ist verstehbar, warum Schweitzer als Denker des Glaubens keine Kluft zwischen Religion und Denken anerkennen kann. Die Klarheit, mit der Schweitzer von seiner Ehrfurcht vor dem Leben

6. Aus einem noch nicht veröffentlichten Manuskript zur Fortsetzung der Kulturphilosophie, 1944. (Die vier Grundtypen der Lebens- und Weltanschauung)
7. Aus meinem Leben und Denken, S. 70; vgl. Mk. 8,35.

sagen kann: »Die in dem Denken entstehende Ethik ist also nicht ›verstandesgemäß‹, sondern irrational und enthusiastisch«[8], weist auch darauf hin, wie tiefgreifend der irrationale Anstoß aus der Begegnung mit Jesus von Nazareth hinter der Ethik steht, die Schweitzer doch als vernunftnotwendig darzutun nicht müde wird.

Das Verhältnis zu Jesus ist also von Anfang an ausgeprägt ein Verhältnis von Wille zu Wille[9]. Dieser Ansatz ist die Interpretation des existentiell-emotionalen Verhältnisses Schweitzers zu Jesus durch die Begrifflichkeit seiner Philosophie, insbesondere seines universalen Verständnisses von »Wille«. Schweitzer selbst weist auf das Mißverständnis hin, das darin bestehen würde, die Willensgemeinschaft »moralistisch und rationalistisch« zu deuten[10]. Von da aus gesehen ist es das Höchste, was von Jesus gesagt werden kann, daß er für uns »eine Autorität ... des Willens« ist[11]. Er wird damit die formende Kraft des tiefsten Lebens selbst. Die Unerschütterlichkeit der persönlichen, durch die Willensbindung im Verständnis Schweitzers religiös-mystischen Beziehung zu Jesus schafft andererseits die große Unbefangenheit und Freiheit, die uns fremde Vorstellungswelt der spätjüdischen Apokalyptik, in der sich Jesus bewegte, in aller kritischen Distanz wahrzunehmen.

Jesus lebt in einer anderen Vorstellungswelt als wir. Seine Vorstellungswelt ist phantastischer Art, mythisch, vorwissenschaftlich. Sie erwartet in Bälde übernatürliche Ereignisse, die nicht eintreffen. Der Willensimpuls Jesu drückt sich in einer phantastischen Reich-Gottes-Vorstellung aus. Jesus ergreift diese Vorstellungswelt, in der er lebt, indem sie ihm die Möglichkeit gibt, seinen Willen auszudrücken. Der Gedanke des Reiches Gottes kommt ihm entgegen, auch wenn seine apokalyptische Form sich nachträglich als nicht real erwies. Die Befreiung von der Weltver-

8. A. a. O., S. 203.
9. Vgl. Geschichte der Leben-Jesu-Forschung, Tübingen 1913, S. 639.
10. A. a. O., S. 640.
11. A. a. O., S. 636.

antwortung, die die apokalyptische Hoffnung auf den baldigen Weltumschwung mit sich bringt, führt Jesus nicht zur Passivität oder Resignation, sondern ermöglicht ihm, reine Menschlichkeit ohne Rücksicht auf die faktischen Strukturen sozialer, politischer, ja kosmischer Art darzustellen. Der Kompromiß mit der Welt ist in diesem Augenblick nicht nötig, die politischen Konsequenzen brauchen nicht bedacht zu werden, so kann das reine menschliche Verhalten Ausdruck finden. Diese mögliche Radikalität führt in späterer Zeit, die sich wieder auf die Dauer der Welt einrichten muß, zu schweren Konflikten; es ist aber die einmalige Größe Jesu, daß er unabhängig davon die konsequente Menschlichkeit ausdrücken kann.

Mit dieser schwingt der Wille ineins auch von einer realistischeren Vorstellungswelt aus, die jenseits des Scheiterns der apokalyptischen Hoffnungen lebt.

Schweitzer kann deshalb unbefangen feststellen, daß die Vorstellungswelt Jesu vergangen ist, ja daß sich Jesus in der Erwartung des baldigen Einbruches der apokalyptischen Gottesherrschaft geirrt hat. Diese Feststellung schmälert die fundamentale Bedeutung Jesu für sein Leben – seinen Willen! – nicht, sie macht nur das Verhältnis zu Jesus wahrhaftig und unbefangen. Sie befreit es von qualvollen Verkrampfungen des Denkens. Im Hinblick auf die Vorstellungswelt, die Jesus nicht selbst geschaffen, sondern auch nur übernommen und modifiziert hat, ist er keine Autorität. Das stört das Grundverhältnis zu Jesus nicht, sondern entkrampft es. In diesem Zusammenhang ist der Satz zu verstehen, den wir erst zur Hälfte angeführt haben: »In Wirklichkeit vermag er (sc. Jesus) für uns nicht eine Autorität der Erkenntnis, sondern nur eine des Willens zu sein.«[12]

Die Bedeutung des Apostels Paulus besteht darin, daß er es vermochte, in der Zeit nach Jesus, als die Vollendung des Gottesreiches nicht eingetreten war, schon die Erscheinung Jesu selbst als Beginn des neuen Aeons zu verstehen. So leben die von

12. Ebd.

Christus Ergriffenen schon jetzt grundsätzlich im Raume der neuen Welt. Ein Stück Gottesreich hat innerhalb der Bedingungen der irdischen Existenz angehoben. So wird Paulus zum ersten, schon im Neuen Testament selbst verankerten Pfeiler der Brücke, die den »garstigen Graben« zwischen der phantastischen apokalyptischen Erwartung des Gottesreiches und dem innerhalb der Geschichte liegenden Ziel einer humanen Kultur überbrückt. Paulus hilft den Impuls Jesu in die Geschichte hinein vermitteln. Deshalb ist er für Schweitzer von solcher Bedeutung. Das »Reich Gottes« ist ja gleichzeitig der Inbegriff dessen, worauf der Willensimpuls des Lebens aus ist, und als apokalyptische Erwartung die phantastische, gescheiterte Hoffnung. Für die denkerische Leistung des Paulus gilt deshalb:

»Als das Wesen des im Werden begriffenen Reiches Gottes hat der Denker Paulus erkannt, daß es in der Herrschaft des Geistes besteht. Aus dieser durch ihn aufgekommenen Erkenntnis heraus begreifen wir, daß das Kommen des Reiches dadurch herbeigeführt wird, daß Jesu Geist in unseren Herzen zur Macht kommt und durch uns in der Welt. Im Denken Pauli beginnt das übernatürliche Reich zum ethischen zu werden und sich damit aus etwas zu Erwartendem in etwas zu Verwirklichendes zu verwandeln. Den Weg, der sich damit auftut, haben wir zu begehen.«[13]

Weil nicht eine besondere, dem gewöhnlichen Welterkennen widersprechende, auf geglaubte Offenbarung hin angenommene Vorstellungswelt der Inhalt des christlichen Glaubens ist, sondern jener Einklang des tiefsten Lebensimpulses mit demjenigen Jesu, ergibt sich kein fundamentaler Gegensatz zwischen wahrem Christsein und wahrem Menschsein. Vielmehr ist es gerade die Größe der Verkündigung Jesu, daß der Sinn des Glaubens das Menschsein meint. Schweitzer nimmt in dieser Beziehung eine Erkenntnis voraus, die ein halbes Jahrhundert später Bonhoeffer in seinen Gefangenschaftsbriefen wieder zur Geltung gebracht hat[14]. Am eindeutigsten hat Schweitzer diese Koinzidenz in einer

13. Reich Gottes und Christentum, Tübingen postum 1967, S. 204.
14. Vgl. Kapitel Bonhoeffer, S. 153 f.

Predigt über das Wort Jesu von den Menschenfischern ausgesprochen:

»Wenn mich jemand fragte, warum ich das Christentum für die höchste und einzige Religion halte, würde ich alles, was man so gelernt hat über das Verhältnis und die Rangordnung der Religionen und wie man die Vorzüge der besten herausfindet, getrost hinter den Ofen werfen und nur das eine sagen: Weil in dem ersten Befehl, den der Herr auf Erden gegeben hat, nur *das eine Wort ›Mensch‹* vorkommt. Er redet nicht von der Religion, vom Glauben, von der Seele oder sonst etwas, sondern einzig von Menschen. *Ich will euch zu Menschenfischern machen.* Da ist's, als sagte er es allen kommenden Jahrhunderten: Aufs erste gebt mir acht, daß mir der Mensch nicht zugrunde geht. Geht ihm nach, wie ich ihm nachgegangen bin und findet ihn da, wo die andern ihn nicht mehr finden, im Schmutz, in der Vertiertheit, in der Verachtung, und tut euch zu ihm und helft ihm, bis er wieder ein Mensch ist. Er hat Religion und Menschlichkeit so zusammengeschweißt, daß es keine Religion mehr gibt, daß sie für ihn nicht existiert ohne die wahre Menschlichkeit, und daß die Aufgaben der wahren Menschlichkeit nicht gehört werden können ohne Religion.«[15]

4. Die Ehrfurcht vor dem Leben als Einheit von Vernunft und Religion

Lange schon waren die Impulse der Verkündigung Jesu und des ethisch-philosophischen Denkens in Schweitzer lebendig, bevor die Formel der Ehrfurcht vor dem Leben geprägt war. Schon war Lambarene gegründet. Schweitzer wußte, was er wollte, aber es gelang ihm noch nicht, es zu formulieren. Die Einheit von Wollen und Tun war hergestellt. Aber die Synthese von Denken und ethisch-christlichem Impuls gelang nicht. Schweitzer erzählt, wie er in der ersten Periode von Lambarene, während des Jahres 1915, monatelang in einer »stetigen inneren Aufregung« dahin-

15. Predigt vom 6. Januar 1905, Straßburger Predigten, München 1966, S. 51.

gelebt habe, weil er die Synthese von Denken und Glauben nicht fand; es war ihm, als ob er gegen eine »eiserne Tür« sich stemme[16].

Der Durchbruch, der während einer Kahnfahrt auf dem Ogowe in der Nähe von drei Inseln geschah, die seither den Namen »Inseln der Ehrfurcht vor dem Leben« tragen, war für ihn wie eine Erleuchtung. Sie ist in Parallele zu setzen mit jenem wochenlangen gespannten Ringen und dem nachherigen Hochgefühl des Anselm von Canterbury, als er seinen berühmten Beweis für das Dasein Gottes fand, oder mit dem Turmerlebnis Martin Luthers, in dem Luther die Formel von der Rechtfertigung durch den Glauben bei Paulus als den klaren Ausdruck seiner neuen Konzeption des Christseins erfaßte[17]. Schweitzer berichtet über diesen Augenblick:

»Langsam krochen wir den Strom hinauf, uns mühsam zwischen den Sandbänken – es war trockene Jahreszeit – hindurchtastend. Geistesabwesend saß ich auf dem Deck des Schleppkahns, um den elementaren und universellen Begriff des Ethischen ringend, den ich in keiner Philosophie gefunden hatte. Blatt um Blatt beschrieb ich mit unzusammenhängenden Sätzen, nur um auf das Problem konzentriert zu bleiben. Am Abend des dritten Tages, als wir bei Sonnenuntergang gerade durch eine Herde Nilpferde hindurchfuhren, stand urplötzlich, von mir nicht geahnt und nicht gesucht, das Wort ›Ehrfurcht vor dem Leben‹ vor mir. Das eiserne Tor hatte nachgegeben; der Pfad im Dickicht war sichtbar geworden. Nun war ich zu der Idee vorgedrungen, in der Welt- und Lebensbejahung und Ethik miteinander enthalten sind! Nun wußte ich, daß die Weltanschauung ethischer Welt- und Lebensbejahung samt ihren Kulturidealen im Denken begründet sind.«[18]

Dies war also das Anliegen: im Denken, in der Vernunft zu verankern, oder vielmehr verankert zu finden, was als irrational-

16. Aus meinem Leben und Denken, S. 135.
17. Zu Anselm vgl. Jaspers, Die großen Philosophen, München 1957, S. 732f.
18. Aus meinem Leben und Denken, S. 136.

enthusiastischer Wille, als Gefühl, als Schau schon lange da war. Es ist wohl mehr als eine nachträgliche psychologische Rationalisierung. Es ist eine echte Synthese. Schweitzer ist überzeugt, daß das vernünftige Denken und der elementare Sinn des Menschseins nicht fundamental auseinanderklaffen, sondern daß Wahrheit nur ist, wo die Übereinstimmung zwischen den beiden gefunden ist.

Es wäre nun möglich, diesen Gedanken als innerphilosophische Konzeption allein durchzuführen, als Versöhnung von Gefühl, Lebenswille und Vernunft. Es brauchte also nicht explizit auf Jesus zurückgegriffen zu werden. Durch die Verankerung in der Vernunft glaubt Schweitzer philosophisch die Ehrfurcht vor dem Leben auch auf sich selbst begründet zu haben. Indessen ist natürlich faktisch die Frage, ob ein nicht von christlichen Impulsen schon bewegtes Denken diese Willensrichtung eingeschlagen hätte. Schweitzers Wille zum Leben ist ja schon von vorneherein christlich geformt, und es ist vielleicht kein Zufall, daß die außerchristlichen Impulse, die in die Nähe der Ehrfurcht vor dem Leben geführt haben, doch letztlich eine andere Wendung einschlugen. Schweitzers Ringen gerade mit den indischen und den chinesischen Denkern zeigt uns das deutlich. Schweitzer fühlt sich ihnen in mancherlei Hinsicht sehr verwandt und will den partikular-christlichen Horizont durchaus in eine universale Denkweise hinein übersteigen. Aber in seinen kritischen Kapiteln erweist er sich doch als zutiefst christlich geformt. Der Übergang von der bloßen Glaubensbegründung zur Vernunftbegründung gelingt zwar, aber seine Herkunft kann Schweitzer nicht verleugnen. Er will es auch nicht. Noch mehr als unsere Vernunft ist unser Irrationales geschichtlich und kann nicht von seiner Basis abgelöst werden.

Schweitzer versteht denn auch die Ehrfurcht vor dem Leben nicht nur als Versöhnung von Denken und irrational-enthusiastischem ethischem Impuls, sondern gleichzeitig als Versöhnung von evangelischer Verkündigung und Philosophie. Die Ehrfurcht vor dem Leben ist ihm gleichsam die Rationalisierung des Christentums. Sie setzt philosophisch eine Vernunftbegründung für das Liebesgebot Jesu, das als solches einfach appellativ dasteht. Gleichzeitig erweitert sie es vom Nächsten auf alle Kreatur.

Diese Doppelversöhnung ist genau zu beachten. Sie erklärt, warum für Schweitzer seine Philosophie mit dem Christentum in Einklang steht, ja als Vernunftdeutung des Evangeliums verstanden werden darf, und doch, für Nichtchristen, auch ganz abgesehen von dem religiösen Bekenntnis als rein vernunftbegründete Ethik Geltung bekommen kann. Diese dialektische Situation ist naturgemäß nur deshalb durchzuhalten, weil für Schweitzer von vorneherein, in seiner theologischen Interpretation des Christentums schon vor der Entdeckung der Ehrfurcht vor dem Leben, das Universal-Menschliche das Entscheidende war. Christsein ist ihm eben nicht etwas ganz anderes als Menschsein, sondern der Sinn des Christseins ist das wahre Menschsein. Nicht aber ist der Sinn des Menschseins der, Christ im konfessionellen Sinne zu werden. Darum konnte Schweitzer in Lambarene den Patienten die Bibel auslegen und von Jesus predigen und gleichzeitig nicht das geringste Interesse daran haben, nicht den geringsten Wert darauf legen, seine von der Ehrfurcht vor dem Leben ergriffenen Mitarbeiter jüdischen, hinduistischen, buddhistischen oder shintoistischen Glaubens zu Christus zu bekehren. Christentum ist ihm die ihm angestammte Form der Ehrfurcht vor dem Leben. Die Ehrfurcht vor dem Leben ist aber nicht nur in der Verkündigung Jesu, sondern auch im vernunftgemäßen Denken begründet. Das kommt in den Darlegungen der Kulturphilosophie, in denen die Ehrfurcht vor dem Leben entfaltet wird, weniger zum Ausdruck. Die Kulturphilosophie ist kein theologisches, sondern ein philosophisches Werk, und Schweitzer bemüht sich darin, philosophisch-vernunftgemäß zu argumentieren, ohne auf die Willensautorität Jesu zu verweisen. Das darf uns aber nicht darüber hinwegtäuschen, daß der Sache nach für Schweitzer die Einheit von Denken und Evangelium Jesu genauso gültig ist.

Das zeigt sich charakteristisch darin, daß Schweitzer als erstes, noch vor der Veröffentlichung der Kulturphilosophie, die Ehrfurcht vor dem Leben in seinen Straßburger Predigten als die Einheit von Denken und Christentum verkündigt hat. Es blieb lange verborgen, da diese Predigten erst nach seinem Tode veröffentlicht wurden. In den 1919 gehaltenen ethischen Predigten läßt Schweitzer das Liebesgebot Jesu, als zunächst das Herz bewegenden Appell erscheinen, der durch Vernunft begriffen werden soll. Beide stimmen zusammen, der Appell Jesu, der zugleich der Appell des Herzens ist, und die Vernunft. Er ruft aus:

»Ehrfurcht vor der Unendlichkeit des Lebens – Aufhebung des Fremdseins – Miterleben, Mitleiden –. Das letzte Ergebnis des Erkennens ist also dasselbe im Grunde, was das Gebot der Liebe uns gebeut. Herz und Vernunft stimmen zusammen, wenn wir wollen und wagen, Menschen zu sein, die die Tiefe der Dinge zu erfassen suchen!
Und die Vernunft entdeckt das Mittelstück zwischen der Liebe zu Gott und der Liebe zu den Menschen – die Liebe zur Kreatur, die Ehrfurcht vor allem Sein, das Miterleben allen Lebens, mag es dem unseren äußerlich noch so unähnlich sein.«[19]

Indem Schweitzer die Vermittlung zwischen Mensch und Gott über die Kreatur gegeben sieht, also über den Begriff des Lebens überhaupt, das aus dem unendlichen Willen zum Leben in dem endlichen sich entfaltet, bettet er das ethische Gebot in eine Gesamtschau des Seins, die zur religiösen Dimension der Ehrfurcht vor dem Leben überhaupt überleitet. Die Nähe zum idealistischen Verständnis des Seins erweist sich darin, daß der Mensch innerhalb der Fülle des endlichen Lebens als einzige Kreatur zum Bewußtsein, besonders zum ethischen Bewußtsein erwacht und dadurch fähig wird, die Selbstentzweiung des Willens zum Leben durch die Liebe aufzuheben. Die Ehrfurcht vor der Kreatur bedeutet also keine Einebnung des Menschen im vitalistischen Sinne. Nur als *Objekt* der Ehrfurcht teilt er sein Leben mit dem aller Kreatur, als *Subjekt* dagegen übersteigt er, im Einswerden mit dem unendlichen Liebeswillen, die Dunkel-

19. Straßburger Predigten, S. 123 f.

heit der unbewußten, auch ethisch unbewußten Schöpfung. Das Bewußtwerden der Ehrfurcht vor dem Leben ist darum ein Ereignis der Seinsgeschichte überhaupt; theologisch würde man sagen, es hat eschatologischen Rang. Schweitzer spricht das wiederum in jenen so aufschlußreichen Predigten über die Ehrfurcht vor dem Leben aus:

»Die Welt, dem unwissenden Egoismus überantwortet, ist wie ein Tal, das im Finstern liegt; nur oben auf den Höhen liegt Helligkeit. Alle müssen in dem Dunkel leben, nur einer darf hinaus, das Licht schauen: Das Höchste, der Mensch. Er darf zur Erkenntnis der Ehrfurcht vor dem Leben gelangen, er darf zu der Erkenntnis des Miterlebens und Mitleidens gelangen, aus der Unwissenheit heraustreten, in der die übrige Kreatur schmachtet. Und diese Erkenntnis ist das große Ereignis in der Entwicklung des Seins. Hier erscheinen die Wahrheit und das Gute in der Welt; das Licht glänzt über dem Dunkel; der tiefste Begriff des Lebens ist erreicht, das Leben, das zugleich Miterleben ist, wo in einer Existenz der Wellenschlag der ganzen Welt gefühlt wird, in einer Existenz das Leben als solches zum Bewußtsein seiner selbst kommt ... das Einzeldasein aufhört, das Dasein außer uns in das unsrige hereinflutet.«[20]

5. Die Ehrfurcht vor dem Leben als Einheit von Mystik und christlichem Glauben

Die Rede vom dunklen Tal weist darauf hin, wie sehr Schweitzers Schlüsselwort der Ehrfurcht vor dem Leben nicht isoliert dasteht, sondern in einem größeren weltanschaulichen Zusammenhang zu sehen ist, der gleicherweise Motive der christlichen Weltinterpretation wie der philosophischen, insbesondere des Schopenhauerschen Pessimismus, bearbeitet. Deutlicher tritt da noch die religiöse Dimension der Ehrfurcht vor dem Leben als ethische Mystik hervor, jedoch auch die Synthese mit dem neutestamentlichen, speziell Paulinischen Geist. Man darf sich dabei nicht durch den Begriff »Mystik« verwirren lassen. Schweitzer ver-

20. A a. O., S. 131.

steht unter Mystik etwas anderes als die dialektische Theologie, deren These es war, daß Mystik wesenhaft heidnisch sei und jedenfalls mit dem Neuen Testament nichts zu tun habe. Schweitzer hat gerade auch Paulus Mystik zugeschrieben. Mystik ist ihm nicht pantheistisch eingeschränkte Seinsmystik, die das Personale auslöscht, sondern universal das *Erleben* der Gemeinschaft und Einheit mit Gott über das bloße *Denken* hinaus. Tiefes Denken geht in Erleben über – dieser Satz ist für Schweitzer die Begründung dafür, daß die Vernunft in der Mystik endet, wenn sie tief genug ist. Gewiß ist diese Schau nur möglich von jenem idealistischen Ansatz aus, der zwischen dem unendlichen Willen zum Leben, also dem göttlichen Seinsgrund, und dem endlichen Willen zum Leben keinen absoluten qualitativen Unterschied sieht. Aber das heißt noch lange nicht das Personale auslöschen. Das Personale ist vielmehr bei Schweitzer und seinem Begriff der Mystik dadurch bewahrt, daß er von einer ethischen Mystik spricht, also vom Einswerden meines Willens mit dem unendlichen Willen durch die Tat der Liebe. Und das ist wiederum darin begründet, daß es verschiedene *Willen* sind, die eins werden, und nicht Substanzen. Mit der Verwurzelung des Seins im Willen ist das personale Moment bereits gegeben und damit, wie auch bei Augustin, die Nähe zum biblischen Lebensverständnis.

Schweitzer geht aber noch weiter. Es gibt harmonische Mystik, die davon ausgeht, daß das Sein eine große Einheit ist, in der letztlich keine Störung möglich ist. Mit solcher kosmischer Seinsmystik hat nun Schweitzer gerade nichts zu tun, sondern er geht vom entgegengesetzten Ausgangspunkt aus. Die reale Elementarerfahrung ist ihm gerade die praktische Zerspaltenheit des erscheinenden Seins, das, was er die grausige Selbstentzweiung des Willens zum Leben nennt. Mit dieser Erfahrung interpretiert er die christliche Tradition, die den Menschen in seiner Schuldverfallenheit sieht, aber auch die Welt mit ihrem Kreuz. Gleichzeitig spüren wir die Argumente Schopenhauers, der die dunkle Sinnlosigkeit des Lebens, das Irrationale, Undurchschaubare am Weltgeschehen so intensiv herausgearbeitet hat, daß eine harmonisie-

rend-schönfärberische Apologetik der »besten aller möglichen Welten« schwierig wird.
Schweitzer stellt fest, daß der unendliche Wille zum Leben, soweit er sich als mannigfaltiger endlicher Wille entfaltet, gerade nicht harmonisch-glücklich erscheint, sondern als in einer Selbstzerfleischung begriffen, die keine Erklärung erlaubt. Das Rätsel des Sinnlosen bleibt ungelöst stehen. Was die Kirche mit dem Wort von der gefallenen Welt und der Erbsünde ausdrückt und mit der Geschichte vom Sündenfall begründet, wird bei Schweitzer, ohne mythische Erklärung, als Erfahrung festgehalten. Zur religiösen Tiefe der Ehrfurcht vor dem Leben gehört auch dieser Blick in den Abgrund, der jeden flachen moralischen Optimismus verwehrt. Das Verhältnis zum unendlichen Willen zum Leben ist durch diese rätselhafte Dunkelheit belastet, die gleichzeitig tragisches Schicksal wie eigene Schuld ist; die eigene Schuld besteht darin, daß ich selbst in die Selbstentzweiung des Willens zum Leben verstrickt bin. Mein Leben existiert nur auf Kosten von anderem Leben. Die denkerische Deutung des christlichen Weltverständnisses vollzieht sich teilweise mit den Mitteln der philosophischen Kritik Schopenhauers.
Deshalb erhält die Ehrfurcht vor dem Leben, die durch die Tat Selbstentzweiung des Willens zum Leben aufhebt, erlösenden Charakter. Die Eröffnung dieser Möglichkeit ist das Geschenk des möglichen sinnvollen Daseins. Es ist, religiös gesehen, die Versöhnung, die Aufhebung der Entfremdung, die Eröffnung von Heil. Weit über jedes moralische Verständnis hinaus hat jede Tat der Ehrfurcht vor dem Leben, die in helfender Gemeinschaft Selbstentzweiung des Willens zum Leben aufhebt, religiöse Bedeutung. Sie ist Erleben des Einswerdens des Willens zum Leben, des Einswerdens auch mit dem unendlichen Willen zum Leben und damit mystische Erfüllung.
Schweitzer verläßt damit den Weg Schopenhauers, mit dem er nur die Einsicht in die Unerklärlichkeit der Selbstentzweiung des Lebenswillens und der Leidensfülle der Welt teilt. Er betritt aber auch nicht den Weg Nietzsches. Indem er sich als Leben inmitten

von Leben, das ebenso berechtigt auch leben will, versteht, ist die Konsequenz eben nicht der Wille zur Macht über den andern, sondern die Ehrfurcht vor dem Leben.

Die Ehrfurcht vor dem Leben als Aufhebung des Sinnzwiespaltes ist vielmehr die philosophische Interpretation des christlichen Erlösungsweges. Auch in dieser Hinsicht glaubt Schweitzer, das tiefste Anliegen des christlichen Glaubens durch das Denken begründet und formuliert zu haben. Nur wird das Heilsgeschehen nicht in eine Heilsgeschichte dogmatisch eingebaut, sondern das Heilsgeschehen bleibt konkretes Fragment mitten in einem als Ganzes nicht deutbaren Kosmos. Das Besondere dieser Heilsmöglichkeit erweist sich darin, daß der Mensch *in sich* das Prinzip des ethischen Verhaltens entdeckt, das ihn in Differenz zur Welt bringt. Nicht die Deutung der Welt begründet sein Handeln; dieses ist darum nicht Gleichwerden wie die Welt, die das Leben nicht nach der Ehrfurcht vor dem Leben, sondern nach dem erbarmungslosen Kampf aller gegen alle erfahren läßt. Ethisch handeln heißt gerade anders sein als die »Welt«, wohl inmitten der Welt, durchaus irdisch, durchaus säkular, aber nach anderen Gesichtspunkten handelnd. Schweitzer versteht diese Situation durchaus in Analogie zu der Art, wie Paulus seine Situation als Glied der »neuen« Welt inmitten der »alten« versteht. Das herausgehobene Sein in der Ehrfurcht vor dem Leben entspricht dem Sein in Christo bei Paulus. Diese Entsprechung der Struktur wird tief erfahren, unbeschadet des Urteils, daß die Vorstellungswelt, in der sich Paulus ausspricht, diejenige der phantastischen, nicht mehr zu übernehmenden urchristlichen Apokalyptik ist. Die Erfahrung der befreienden Erlösung ist die nämliche. Schweitzer kann deshalb die Erfahrung der Ehrfurcht vor dem Leben als eine erlösende, tief religiöse mit fast paulinischen Wendungen beschreiben:

»Sie ist mir das Licht, das in der Finsternis scheint. Die Unwissenheit, unter die die Welt getan ist, ist von mir genommen. Ich bin aus der Welt erlöst. In Unruhe, wie sie die Welt nicht kennt, bin ich durch die Ehrfurcht vor dem Leben geworfen. Seligkeit, wie sie die Welt nicht kennt, empfange ich aus ihr. Wenn in der Sanftmut des Andersseins als die Welt ein anderer und ich uns in Verstehen und Verzeihen helfen, wo sonst Wille andern Willen quälen würde, ist die Selbstentzweiung des Willens zum Leben aufgehoben. Wenn ich ein Insekt aus dem Tümpel rette, so hat sich Leben an Leben hingegeben und die Selbstentzweiung des Lebens ist aufgehoben. Wo in irgendeiner Weise mein Leben sich an Leben hingibt, erlebt mein endlicher Wille zum Leben das Einswerden mit dem unendlichen, in dem alles Leben eins ist. Labung wird mir zuteil, die mich vor dem Verschmachten in der Wüste des Lebens bewahrt.«[21]

Diese Labung versteht Schweitzer als jenen Frieden Gottes, der höher ist als alle Vernunft, von dem Paulus in seinem Brief an die Philipper schreibt, daß er »Herzen und Sinne in Christo Jesu bewahre«. Auch in diesem für Schweitzer mystischen Erleben, in das das Denken mündet, findet er die Synthese von Vernunft und Glauben. Was er in der Kulturphilosophie in philosophischer Terminologie aussprach, formuliert er in seiner Abschiedspredigt vor der ersten Abreise nach Lambarene am 9. März 1913 im Anschluß an das erwähnte Pauluswort vom Frieden Gottes in christlicher Sprache; beides ist für ihn im Einklang:

»Je mehr uns unsere Vernunft in die Unruhe der Fragen des Seins hineinwirft, desto stärker wird die Sehnsucht nach dem Frieden. Sie führt uns die Berge hinan bis da, wo die Gletscher zu glänzen anfangen und sagt uns, nun mußt du da weitergehen, hinauf, hinauf, immer weiter ins Licht, immer weiter in den Frieden und die Stille. Alle Versuche der Erkenntnis lehren uns als Letztes, daß hinter allen Dingen und allem Geschehen als weiter nicht zu Begreifendes der Wille ist. – In dem Geschehen draußen ein Gesamtwille, kommend aus dem Urgrund des Seins, sich allen Dingen mitteilend, alles, was ist, enthaltend: *Wille Gottes*. In uns unser Wille, irgendwie aus jenem hervorgegangen und in ihm wurzelnd und dennoch unser Wille.

Die letzten Fragen des Daseins gehen über das Erkennen hinaus. Um uns Rätsel über Rätsel. Aber die letzte Frage des Daseins, die über unser Schicksal entscheidet, hat es nur mit dem einen zu tun, auf das wir immer zurückgeworfen werden: Was wird aus unserem Willen? Wie findet er

21. Kultur und Ethik, S. 243.

sich in den Willen Gottes? Und die höchste Erkenntnis, zu der man gelangen kann, ist Sehnsucht nach Friede, daß unser Wille eins werde mit dem unendlichen Willen und unser Menschenwille mit Gottes Willen – und sich nicht abschließt und für sich ist wie ein Wassertümpel, der vertrocknen muß, wenn des Sommers Hitze kommt, sondern wie ein Bach, der seinen Weg zum Strom sucht, um von ihm in den unendlichen Ozean getragen zu werden.«[22]

22. Straßburger Predigten, S. 96 f.

Karl Barth

1886–1968

Als Sohn des Theologen Fritz Barth wurde Karl Barth am 10. Mai 1886 in Basel geboren und wuchs in Bern auf, wohin sein Vater als Professor berufen wurde. Er studierte in Bern, Berlin, Tübingen und Marburg Theologie. Von Wilhelm Herrmann beeinflußt, trat er zunächst Martin Rade und dem Kreis der Freunde der »Christlichen Welt« nahe, übernahm sogar eine Hilfsredaktorenstelle an der »Christlichen Welt«. Nach kurzer Tätigkeit in Genf kam Karl Barth 1911 als Pfarrer nach Safenwil, einer Bauern- und Arbeitergemeinde im Kanton Aargau. Von Blumhardt und Kutter bewegt, wirkte er im Geist des religiösen Sozialismus, begründete dann aber seine eigene dialektische Theologie oder »Theologie der Krise«. Sein Römerbriefkommentar, in der ersten Auflage 1919, der zweiten, entscheidenden 1922, bedeutete den Durchbruch der neuen Theologie und machte Barth international bekannt. 1921 wurde er nach Göttingen berufen, wechselte 1925 nach Münster und 1930 nach Bonn. Er war unterdessen zum Führer der mächtig aufstrebenden Bewegung der dialektischen Theologie geworden; neben ihm standen Eduard Thurneysen, Emil Brunner, Rudolf Bultmann, Friedrich Gogarten und andere; freilich gab es mit der Zeit Trennungen. 1933 trat Barth entschieden den deutschen Christen gegenüber und wurde der geistige Führer der Bekennenden Kirche im anhebenden Kirchenkampf. Die Weigerung den Eid auf Hitler ohne geistlichen Vorbehalt zu leisten, führte 1935 zur Absetzung in Bonn und zur Annahme der schon länger vorbereiteten Professur in Basel, wo dann Barth bis zu seinem Lebensende blieb.

Seine dialektische Theologie vermochte ein Menschenalter lang die evangelischen Kirchen weit über den deutschen Sprachbereich hinaus entscheidend zu prägen. Barth baute die Grundgedanken seiner Theologie in einer immensen, viele tausend Seiten starken vielbändigen »Kirchlichen Dogmatik« aus, die die umfangreichste Dogmatik der gesamten Kirchengeschichte geworden ist und sein Hauptwerk, ja Lebenswerk wurde, unbeschadet der zahlreichen kleineren Bücher und Schriften, mit denen er zu allen kirchlichen Fragen Stellung nahm. Bis weit über sein Pensionierungsalter hinaus an der Universität Basel tätig, blieb Karl Barth auch im hohen Alter voller geistiger Vitalität, nachdem ihn schon immer eine gewaltige Arbeitskraft ausgezeichnet hatte. Karl Barth verstarb am 10. Dezember 1968 in Basel.

1. Die Grundstruktur des Glaubensdenkens Karl Barths

Unter den Gestalten, deren Glaubensdenken wir nachzeichnen, nimmt Karl Barth in verschiedener Hinsicht eine Sonderstellung ein. Wohl stehen ihm Bultmann und Bonhoeffer in vielem nahe und zeigen sich von ihm aufs stärkste beeindruckt. Aber beide haben doch, trotz des entscheidenden Einflusses, wesentliche Schritte von ihm weg vollzogen, so daß sie im ganzen am Ende zu Perspektiven kamen, die dem Denken der übrigen weit verwandter sind, als es Karl Barth ist. Barth hat in eiserner Konsequenz seine Grundprinzipien bis ans Ende durchgehalten. Darin liegt seine imponierende Größe, aber auch seine Fragwürdigkeit. Denn er hat da, wo die konsequenten Folgerungen aus seinen Deduktionen allzu offensichtlich mit anderen Grunderfahrungen der Wirklichkeit zusammenstießen, nicht etwa seine Denkvoraussetzungen kritisch und zweifelnd befragt, sondern sie unbeirrt als Axiome festgehalten und Behauptungen in Kauf genommen, die im Umkreis der übrigen Wirklichkeit nur schwer vertretbar waren.

Das Grundaxiom Barths besteht in der Überzeugung, daß der Mensch mit Hilfe all seiner Erkenntnis- und Denkmöglichkeiten von sich aus über Gott *nichts* wissen und aussagen kann. Jede auf solchem Wege gewonnene Aussage betrifft nicht Gott selbst, sondern lediglich ein von Menschen erfundenes Gebilde, also einen Götzen; alle Religion des gottsuchenden Menschen ist deshalb schlechterdings nichts anderes als Götzendienst. Insofern hat die gesamte Religionskritik bis hin zu Feuerbach und Nietzsche recht; sie kann höchstens zuwenig radikal sein.

Über Gott könnte nur dann und insoweit irgend etwas ausgesagt werden, wenn Gott selbst sich eröffnend zu erkennen gäbe. Wenn der Mensch über Gott etwas sagt, was er sich selbst sagen kann, dann redet er nicht von Gott; er kann nur wirklich von Gott reden, wenn er das sagt, was er sich selbst nicht sagen kann, sondern was er sich sagen lassen muß – von Gott selbst. Mit anderen Worten: Von Gott könnte nur auf Grund einer Selbstoffenbarung Gottes irgend etwas gewußt und ausgesagt werden. Theologie wäre nur als strenge Offenbarungstheologie möglich. Die Grundaussage des Glaubens besteht nur darin, daß Gott eine solche Offenbarung wirklich vollzogen hat. Gott *hat* geredet. Es gibt also echte Theologie als Offenbarungstheologie im Gegensatz zu aller falschen, nur selbsterfundene Götzen findenden natürlichen, metaphysischen, philosophischen, religionsgeschichtlichen, psychologischen, existentialen oder irgendeiner anderen menschlichen Theologie.

Von diesem zweiten Grundsatz aus stellt sich nun Barth gegen die skeptischen oder agnostischen Schlußfolgerungen der Religionskritiker. Diese hatten bei ihrer Religionskritik vergessen, daß es neben der Religion, die er ihnen preisgibt, noch die Offenbarung gibt, die etwas ganz anderes ist als das, was sie kritisch in ihr Blickfeld bekommen hatten. Religiöse und Religionskritiker schließen sich aus dieser Perspektive zu der Einheit derer zusammen, die – sei es nun positiv oder negativ – am falschen Ort die Diskussion um Gott führen, nämlich im Raum der Religion, weil sie den richtigen Ort, die Offenbarung in ihrem Anderssein als Religion, nicht ins Auge fassen. Es ist ja nicht etwa so, daß Religion auf Offenbarung zurückginge; Religion ist vielmehr wesenhaft Unglaube. Religiöse wie Religionskritiker reden letztlich nicht von Gott, sondern, wie Feuerbach postuliert hat, vom Menschen mit seinen Wunsch- und Angstprojektionen; nicht um Gott, sondern im Grunde um den Menschen zu kreisen ist die Hauptsünde der Religion. Was die Religion selbst angeht, sind die Religionskritiker der Wahrheit näher als die Religiösen; was die Offenbarung angeht, sind beide gleich weit davon entfernt.

Der dritte Grundsatz Barths besteht in dem Glauben, daß Gott seine Offenbarung ausschließlich und allein in Jesus Christus und sonst nirgends vollzogen hat. Jesus Christus ist *das* Wort Gottes an die Menschen, und die Bibel ist das Zeugnis dieser Offenbarung. Von keiner Aussage über Gott außerhalb Jesus Christus kann man deshalb den Anspruch erheben, sie gehe auf Offenbarung zurück. Diese Grundsätze bilden die Konstanten im Denken Karl Barths. Von dieser Grundlage aus sind freilich noch sehr verschiedene Einstellungen zur Welt möglich, und wir können eine gewaltige Entwicklung Barths von seinen Anfängen bis zu den Alterswerken feststellen. Beginnt Barth mit der Ankündigung des Gerichtes, also mit dem *Nein* Gottes über diese Welt, anschaulich im Kreuz Christi, so endet er mit der Verkündigung des universalen Triumphes der Gnade in Christi Menschwerdung, also mit dem großen *Ja.* Der Weg geht vom Nein zum Ja. Aber der Einsatz mit dem gewaltigen »Nein« im Römerbriefkommentar, der Barth berühmt machte, hat sein Bild so sehr geprägt, daß viele die spätere Entwicklung nicht recht verstehen konnten. Ob aber Nein oder Ja, es bleibt in Barths Denken der Grundzug der radikalen Offenbarungstheologie und die Verwerfung jedes selbständigen menschlichen Denkens über Gott bestehen. Das spätere »Ja« über den Menschen ändert nichts daran.

Dieser Einsatzpunkt verleiht dem Denken Barths ganz allgemein seinen charakteristisch *autoritären* Zug. Er ruft zum Gehorsam und zur Anerkennung seiner Voraussetzungen auf, die nicht weiter kritisch befragt werden dürfen. Wer die Voraussetzung der Offenbarung in Christus allein, bezeugt durch die Heilige Schrift, in Zweifel zieht, stellt sich damit außerhalb der Theologie und ist innerhalb ihrer nicht anzuhören. Philosophische Einreden sind deshalb theologisch gewichtslos, naturwissenschaftliche betreffen nicht die Sache, um die es geht. Auch historisch-kritische Beobachtungen am biblischen Text sind zwar nicht falsch, aber ohne jede Bedeutung für den Satz, daß die Bibel Gottes Wort ist. Dieser Satz ist für Barth ein analytisches, nicht ein synthetisches Urteil.

So wie die Denkweise autoritativ ist, so ist sie auch dogmatisch. Nicht umsonst hat Barth sein Hauptwerk »Die kirchliche Dogmatik« genannt. Endlich wird durch eine solche Grundhaltung auch das Verhältnis von Denken und Glauben eindeutig festgelegt. Das Denken hat keine selbständige Funktion; es kann nur Nach-denken der Offenbarung sein, Entfaltung dessen, was Gott gesagt hat, was wir inhaltlich also nicht nachprüfen, sondern nur gehorsam glauben können. Theologie ist die denkende Entfaltung dessen, was wir uns nicht selbst sagen können, aber uns haben durch das Wort Gottes sagen lassen. Für Karl Barth gilt deshalb streng der alte Satz des Scholastikers Anselm von Canterbury, über den Barth ein wichtiges, die theologische Methode betreffendes Buch geschrieben hat: »Neque enim quaero intelligere ut credam, sed credo ut intelligam«[1]: Ich trachte also nicht danach, einzusehen, um zum Glauben zu kommen, sondern ich glaube vielmehr zuerst, um nachträglich zur Einsicht in diesen Glauben zu kommen. Es ist ein seltsames Zusammentreffen, daß der Theologe, den Karl Barth als seinen eigentlichen und fast einzig ebenbürtigen und ernst zu nehmenden Gegner anerkannt hat, Schleiermacher, dieses Wort Anselms auch, freilich in etwas anderem Sinne, geschätzt und sogar als Motto seiner Glaubenslehre vorangesetzt hat.

Die Offenbarungsstruktur des Glaubensdenkens Barths führt ihrem Wesen nach weiter zu einer intoleranten Haltung, die nicht nur alle Theologen, die mit Barth nicht einig gingen, zu spüren bekamen, sondern die auch Philosophen wie Karl Jaspers zu scharfen Einreden bewegten.

Denn wer über die absolute Wahrheit zwar nicht verfügt, aber sie doch zu verkündigen hat, der muß für sie auch den absoluten Anspruch erheben. Wer solche Wahrheit nicht annimmt, obgleich sie Gottes Wahrheit ist, erweist sich als hochmütig, weil er sein eigenes, bloß menschliches Denken über Gott stellt, während es gerade Demut ist, den absoluten Anspruch für die Wahrheit Gottes, der man nur dient, zu erheben. Je konsequenter eine Offenbarungstheologie ist, um so mehr muß sie diesen Charakter annehmen und Gehorsam fordern, und wenn Barth in irgendeiner Sache konsequent blieb, dann in dieser. So ist denn »die Offenbarung das letztinstanzliche *Gericht* über den Menschen: Gnade für den, der ihr Verdammungsurteil annimmt als göttli-

1. Anselm von Canterbury, Proslogion 1.

ches Recht, Verdammnis für den, der nicht Gnade annehmen, sondern sein eigenes, menschliches Recht gegen sie geltend machen will. Weil die Offenbarung Gott selber ist!«[2]

2. Das radikale Gericht

Die »dialektische Theologie« Karl Barths begann als Ansage des radikalen Gerichtes über die bisherige Theologie, ja über das Bestehende schlechthin; als »Theologie der Krise« trat sie in der zweiten, völlig umgearbeiteten Auflage des Römerbriefkommentars 1922 ans Licht, nachdem Barth in fast zehnjährigem Suchen einen weiten Weg zurückgelegt hatte.

Karl Barth, dessen Vater ein konservativer Theologe gewesen war, hatte sich dem Marburger Kreise um die »Freunde der christlichen Welt« angeschlossen, stand also in der Nähe des milden, liberalen Kulturprotestantismus der Ritschlianer um Wilhelm Herrmann und Martin Rade. Doch früh trafen ihn Einflüsse, die diese Position erschütterten. Der Religiöse Sozialismus lehrte ihn, der bürgerlichen Gesellschaft kritisch entgegenzutreten. Franz Overbeck zeigte ihm den Gegensatz von Christentum und Kultur. Die Wucht der eschatologischen Erfassung des Neuen Testaments aber führte ihn über den Religiösen Sozialismus hinaus: Das Reich Gottes und ganz besonders auch das mit ihm verbundene Gericht haben ganz andere Dimensionen als die gesellschaftliche Revolution, die im Innerweltlichen bleibt. Sören Kierkegaard wiederum weist ihn an, das Gericht nicht apokalyptisch zu verstehen, im Sinne einer Erwartung für spätere Zeiten am Schluß der Geschichte, sondern es in die Spannung einer Zeit-Ewigkeit-Dialektik hineinzunehmen, in der der

2. (Titel ohne Autorenbezeichnung sind Werke Karl Barths) Offenbarung, Kirche, Theologie, zuerst in »Theologische Existenz heute«, Heft 9, 1934, jetzt in »Dialektische Theologie in Scheidung und Bewährung 1933–1936« München 1966, S. 147.

Mensch jederzeit steht. Sie ist durch ein radikales Entweder-oder im Verhältnis Gott-Mensch gekennzeichnet; zwischen Gott und Mensch klafft der Abgrund des unendlichen qualitativen Unterschieds. Gott ist im Himmel, du bist auf Erden; Gott ist alles, du bist nichts. Es ist eine einseitige Aneignung bestimmter Gedanken Kierkegaards, die in dieser Phase für Barth bedeutsam wird und später wieder zurücktritt, da ihm Kierkegaards Subjektivismus und Existenzialismus immer fremder wird.

Die Skepsis gegenüber aller bisherigen, besonders der kulturprotestantischen Theologie entzündete sich weiter fast explosiv an dem für ihn Unbegreiflichen, daß bei Kriegsausbruch beinahe alle deutschen theologischen Autoritäten am 4. August 1914 das Manifest der Intellektuellen mit unterschrieben, das die Politik Wilhelms II. billigte:

»Mir persönlich hat sich ein Tag am Anfang des Augusts jenes Jahres als der Dies ater eingeprägt, an welchem 93 deutsche Intellektuelle mit einem Bekenntnis zur Kriegspolitik Kaiser Wilhelms II. und seiner Ratgeber an die Öffentlichkeit traten, unter denen ich zu meinem Entsetzen auch die Namen so ziemlich aller meiner bis dahin gläubig verehrten theologischen Lehrer wahrnehmen mußte. Irre geworden an ihrem Ethos, bemerkte ich, daß ich auch ihrer Ethik und Dogmatik, ihrer Bibelauslegung und Geschichtsdarstellung nicht mehr werde folgen können, daß die Theologie des 19. Jahrhunderts jedenfalls für mich keine Zukunft mehr hatte.«[3]

So in die Problematik geworfen, hatte er dennoch als Pfarrer von Safenwil jeden Sonntag über Gott zu predigen, und aus diesem Ringen um die Verkündigung entstand sein neues Suchen, bei dem er entschieden auf die Bibel und ihre Offenbarungsautorität zurückgriff:

»Wir sollen als Theologen von Gott reden. Wir sind aber Menschen und können als solche nicht von Gott reden. Wir sollen beides, unser Sollen

3. Evangelische Theologie im 19. Jahrhundert, Theol. Studien, Heft 49, Zollikon 1957, S. 6.

und unser Nicht-Können, wissen und eben damit Gott die Ehre geben. Das ist unsere Bedrängnis. Alles andere ist daneben Kinderspiel.«[4]

Aus diesem spezifischen Pfarrerproblem der Predigt erwächst die Neubesinnung. Es wäre also unrichtig, Barths Theologie der Krise auf die Kulturerschütterung des Weltkrieges zurückzuführen. Diese Erschütterung hat bloß bewirkt, daß nach Kriegsende seine Theologie der Krise, nach dem Zusammenbruch der humanistischen abendländischen Kultur und dem damit verbundenen Unglaubwürdigwerden des Kulturprotestantismus, in den Kairos traf. Sie erschien als die legitime theologische Deutung der Katastrophensituation und fand damit den ungeheuren Widerhall. Karl Barth selbst beschreibt diese Resonanzwirkung mit dem Bilde:

»Blicke ich auf meinen Weg zurück, so komme ich mir vor wie einer, der, in einem dunklen Kirchturm sich treppaufwärts tastend, unvermutet statt des Geländers ein Seil ergriffen, das ein Glockenseil war, und nun zu seinem Schrecken hören mußte, wie die große Glocke über ihm soeben und nicht nur für ihn bemerkbar angeschlagen hatte.«[5]

Diese große Glocke ist die unerbittliche Botschaft von dem Gott, der ganz anders ist als diese Welt, der senkrecht von oben einbricht, der die Krise dieser Welt ist, das Nein, das Minuszeichen vor der Klammer, vor dem alle menschliche Herrlichkeit zu nichts wird. Das Gericht geht über alle menschlichen Einrichtungen, über Kultur und Staat, über Tugend und Sünde. Es erstreckt sich auch, und ganz speziell, über alle Religion, die den Menschen und sein Gebild eines erdachten Gottes statt des lebendigen Gottes selbst in den Mittelpunkt rückt. Es ergeht selbst über die Revolution, die ihrerseits an allen gesellschaftlichen Verhältnissen das Gericht vollziehen will. Denn auch die Revolution ist Eigenherrlichkeit des Menschen, der durch seine eigene Tat das

4. Das Wort Gottes als Aufgabe der Theologie, in: Das Wort Gottes und die Theologie, München 1929, S. 158.
5. Die Lehre vom Worte Gottes, München 1927, S. IX.

Reich der Gerechtigkeit schaffen will. Ebenso aber verfällt dem Gericht das konservativ Bestehende in all seiner Ungerechtigkeit. Überhaupt, es ist ein radikales Gericht über alles Menschliche in seiner Anmaßung, sein zu wollen wie Gott und einen Turm zu Babel zu errichten, der bis an den Himmel reicht.

So ist Gott in der Welt überall gleichsam nur negativ gegenwärtig außer in einem einzigen Punkt, in Jesus Christus. Aber dieser Punkt hat als Punkt keine Ausdehnung. Ja, in Jesus Christus berührt Gott die Welt nur so, wie eine Tangente den Kreis berührt, ohne ihn eigentlich zu berühren. Dieser Punkt gewinnt auf Erden keine Ausdehnung, keine Gestalt. Die Gnade wird nicht anschaulich. Was auf Erden anschaulich werden kann, das ist lediglich das Kreuz Christi als das Zeichen des Gerichtes über die Sünde. Die Auferstehung als das Zeichen der Überwindung des Negativen dagegen bleibt eine paradoxe Hoffnung jenseits der Todeslinie. Die Auferstehung wird nicht anschaulich, sie ist diesseits des Todes nicht greifbar.

Außer Christus aber ist Gott positiv nicht gegenwärtig. Jeder direkte Schöpfungsbezug, wie er der natürlichen Theologie der Aufklärung zugrunde lag, wird verworfen. Barth geht in diesem Punkte sogar noch über die Reformatoren hinaus.

Die Ausschließlichkeit der Christusoffenbarung als des einzigen Punktes, in dem sich Gott seiner Schöpfung zuwendet und sich erschließt, ist schon hier gegeben. Aber es ist vorerst nur ein Punkt ohne Ausdehnung, eine paradoxe, unanschauliche Hoffnung auf die Gnade. Das Gericht des Todes verzehrt noch die Aspekte des grenzenlosen Lichtes, das mit der Gnade erschienen ist, um die Welt zu durchdringen. Der spätere Barth wird die Farben anders mischen. Er wird aus dem einen, unanschaulichen Punkt das Ganze machen, das die Welt beherrscht. Aber in der Grundstruktur seines Glaubens, dem Glauben an den einmaligen, ausschließenden Einbruch Gottes in diese Welt in Jesus Christus allein, bleibt er unerschütterlich. Es sind, beim Übergang vom Barth der Theologie der Krise zum Barth des Triumphes der Gnade, diese Kontinuität und Einheit seines Denkens stärker hervorzuheben als seine Wandlungen. Denn die Konzentration auf Christus mußte ja auf die Dauer die Gewichte verschieben und dem Evangelium größeres Gewicht gegenüber dem Gericht und der Verdammnis verleihen.

Die Wucht des »Römerbriefs« indessen und seine erstaunliche Wirkung auf die Zeitgenossen nach dem Ersten Weltkrieg beruhten gerade auf der Unerbittlichkeit der Gerichtsansage, die den Menschen aus jedem, auch dem heimlichsten Schlupfwinkel seiner Eitelkeit und Selbstherrlichkeit trieb:

»Zum vernichtenden Gericht wird eben das göttliche Minus vor der Klammer *allen* menschlichen Bewußtheiten, Grundsätzlichkeiten, Rechthabereien, Prinzipien, -ismen *als solchen, allen* ›Fürstentümern, Mächten und Gewalten‹ als *solchen.* ›Jedermann unterziehe sich!‹ bedeutet also: Jedermann bedenke, wie falsch die menschliche Rechnung *als solche* ist: *Wir* können das entscheidende Minus *nicht* setzen, wir können uns nur klar machen, wie sehr alles unser Plus und Minus an ihm zuschanden wird. Aber auch das hier empfohlene ›Sich Unterziehen‹ ist nicht etwa eine neue, ganz schlau aufgestellte Rechnung, mittels derer nun doch wieder ein Mensch triumphierend das Rechte treffen könnte! Es ist freilich wahr: Es gibt keine energischere *Unterhöhlung* des Bestehenden als das hier empfohlene sang- und klang- und illusionslose *Geltenlassen* des Bestehenden. Staat, Kirche, Gesellschaft, positives Recht, Familie, zünftige Wissenschaft usf. leben ja von der durch Feldpredigerelan und feierlichen Humbug aller Art immer wieder zu nährenden Gläubigkeit des Menschen. Nehmt ihnen das Pathos, so hungert ihr sie am gewissesten aus!«[6]

So kommentiert Barth das berühmte Wort des Paulus Röm. 13 über das »Seid untertan der Obrigkeit«. Paulus motiviert seine Aufforderung freilich etwas anders.

Auf solche Weise wird zunächst der Weg zu einem aufbauenden christlichen Handeln in dieser Welt verbaut und damit nicht nur der bisherige Kulturprotestantismus völlig verworfen, sondern auch jede konkrete christliche Ethik verunmöglicht, wie es die

6. Der Römerbrief, 2. Aufl. München 1922, S. 469.

ersten Kritiker des »Römerbriefs« rasch feststellten. Das exklusive Hinweisen auf das Eschatologische als Gericht – und Barth konnte sogar sagen, das Christentum sei ganz und gar Eschatologie oder es sei nichts – ließ keinen Raum für innerweltliche Werte, die vom Gottesreich her einen positiven Sinn haben konnten. Im Gegenteil, jeder innerweltliche Wert ist, je höher er ist, um so mehr von vorneherein mit dem Odium belastet, ein Stück jenes Turmbaus von Babel zu sein, der Gott die Ehre zu rauben sich anschickt.

Es ist einleuchtend, daß das Karl Barths letztes Wort zur Sache nicht sein konnte, ebenso, daß es nicht die Meinung des Apostels Paulus im Römerbrief richtig kommentiert, für den das christliche Ethos und die christliche Liebe etwas völlig anderes waren als »die große Störung«[7]. Es war aber das Wort, das in jener geschichtlichen Stunde Europas am Ende des Ersten Weltkrieges gehört wurde und wie ein Blitz einschlug.

Was für die Unmöglichkeit des christlichen Handelns gilt, gilt vorgängig ebenso folgerichtig für die Gestalt des christlichen Glaubens selbst.

Wenn im Raume des Handelns der soziale Revolutionär, der eine gerechtere Welt will, gleichzeitig der Wahrheit am nächsten ist – im unbedingten Verwerfen des Bestehenden – und dennoch am fernsten, weil er meint, mit Menschenkraft etwas ausrichten zu können, so ist im Raume des Glaubens der fromme Mensch eben dieser Nächste und Fernste der Wahrheit. Barth wird nicht müde, gerade die Sündhaftigkeit, die Hybris, das Frevelhaft-Überhebliche an allen Formen der Religiosität aufzuspüren. Insbesondere das fromme Gefühl im Sinne Schleiermachers erscheint als die große Gefahr. Damit kommt auch die ganze pietistische Frömmigkeit ins Schußfeld. Nicht besser aber steht es mit der kultisch institutionalisierten Kirchlichkeit, die sich ihrer Hierarchie und ihrer Sakramente erfreut, in denen Gott angeblich anschaulich

7. So die Überschrift Barths über seine Auslegung der ethischen Kapitel des Römerbriefes.

und verfügbar wäre. Alle konkreten und positiven Formen der Frömmigkeit fallen unter dasselbe Gericht. Auch sie sind Turmbau von Babel.

Was bedeutet das für den Glauben?

Der Glaube kann offenbar ebensowenig eine Gestalt in dieser Welt annehmen wie das christliche Handeln, sonst wird er sogleich Religion, also Eigenmächtigkeit und Sünde. Es bleibt ihm folgerichtig nichts anderes übrig, als auch ganz unanschaulich zu bleiben. Er ist kaum ein eigenständiges Zeugnis und Bekenntnis, er ist nur ein ebenso erschrockenes wie getrostes Hinhorchen auf das, was Gott sagt und in Jesus Christus tut. Indessen kann er auch dieses Hinhorchen nichts als menschliche Aktivität sein. Sonst wäre eben dieses Hinhorchen als Tugend erklärt, würde seinerseits Religion, gutes Werk, Menschentand und Sünde.

Barth treibt, wie wir sehen, seine Gedanken bis zur letzten Konsequenz. Noch der Mystiker, der sich selbst für Gott leer macht, um ganz ihn wirken zu lassen, tut zuviel und ist gerade in diesem Punkte eigenmächtig. Noch der reuige Zöllner, der in seinem Schrei »Gott sei mir Sünder gnädig« allenfalls auf seine Reue baute, würde auf sich selbst vertrauen. Der Glaube kann also auch in seiner Negativität, als Leere oder Reue, nichts Positives sein. Es ist gleichsam keine menschliche Möglichkeit, an Gott zu glauben, sondern nur eine göttliche Möglichkeit, eine unmögliche Möglichkeit, auf die man nur hinblicken kann, weil bei Gott alle Dinge möglich sind. Auch der Glaube geht gleichsam nicht in diese Welt ein.

Der Glaube ist deshalb gar nichts als ein von der mystischen Leere sorgfältig zu unterscheidender *Hohlraum*, gleichsam die bloße Abwesenheit menschlichen Eigendünkels, ganz analog dem Rat, sang- und klanglos das Bestehende in Abwesenheit irgendeiner positiven Würdigung gelten zu lassen. Der Glaube ist »in der vollen Paradoxie seines Begriffs ... menschlicher Hohlraum«[8]; das Positive daran ist der göttliche Inhalt, nämlich

8. Der Römerbrief, S. 183.

Gottes Treue. Es ist für Barth bezeichnend, daß er mit Vorliebe an den Stellen im Römerbrief, wo vom Glauben im positiven Sinne die Rede ist, das Wort mit »Treue Gottes« interpretiert. Also nicht unser vertrauendes Ergreifen dieser Treue ist der Glaube, sondern diese göttliche Treue selbst. Sie ist das, was das Gericht übersteigt. Aber auch sie ist gerade nicht in einer faßbaren Gestalt gegenwärtig, etwa in der konkreten Person Jesu, wie es Wilhelm Herrmann, der frühere Lehrer Barths, so sehr betont hatte. Sondern auch diese Treue Gottes ist in diesem Leben nur Hoffnung, nur »futurum resurrectionis«[9], also Auferstehungszukunft jenseits der Todeslinie. Die Gnade, die da aufblitzt, geht nicht in diese Welt ein, sie ist nur eschatologisch und für die, die noch diesseits der Todeslinie leben müssen, nur jenseits dieser Linie erhoffbar.

Paul Tillich hat dieser Schau seine Gedanken über die »Gestalt der Gnade« entgegengestellt. Im »Römerbrief« Barths aber gibt es die Gestalt der Gnade gerade nicht. Indem so Gott mit seiner Gnade nicht eigentlich in diese Welt eingeht, sowenig wie die Tangente in den Kreis, bekommt das Leben des Glaubens einen geradezu gespenstischen Zug. Es kann nicht wirklich werden. Es bleibt eschatologische Hoffnung und zugleich eine Hoffnung, die sich ihrem Wesen nach nie erfüllen kann, ganz im Gegensatz zu der neutestamentlichen Hoffnung auf die *baldige* Erfüllung im Gottesreich, wenn Christus in seiner Parusie herrlich wiederkommt und das Reich aufrichtet:

»Nicht die Parusie ›verzögert‹ sich, wohl aber unser Erwachen. *Erwachten* wir, ... wir würden wahrlich weder mit den Aufgeregten auf irgendein glänzendes oder schreckliches Finale warten, noch mit der geradezu frivolen ›Frömmigkeit‹ der unentwegten Kulturprotestanten des Ausbleibens dieses Finales uns getrösten. Wir würden uns dann weder mit den Ersteren noch mit den Letzteren dem bittern Ernst des ›nahe herbeigekommenen‹ Tages so schmählich entziehen, sondern eben darin, daß der *ewige* Augenblick *nicht* ›eintritt‹ (nie eingetreten ist und nie eintreten

9. A. a. O., S. 184.

wird), die Würde und Bedeutung des uns gegebenen zeitlichen Augenblicks, seine Qualifizierung und sein ethisches Gebot erkennen.«[10]

Um von einem solchen Einsatz aus weiterzukommen, bedarf es einer großen Wende. Barth hat sie vollzogen, indem für ihn das Kommen Christi eine andere, erfüllende und universale Bedeutung erlangte. Er ließ nun Gott durch Christus wirklich in diese Welt eingehen und gerade in dieser Welt- und Menschzuwendung Gottes das Geheimnis des christlichen Glaubens bestehen. Aus dem futurum resurrectionis wird das »Es *ist* schon erfüllt«, das perfectum aeternum, die Wende zum Heil hat sich schon vollzogen, niemand kann irgend etwas daran ändern. Der alte Gedanke der Inkarnation, das Weihnachtswunder der Menschwerdung Christi, wird zum Ausdruck dieses Geschehens, das mehr als nur jene tangentiale Berührung und Nichtberührung in der Negation des Kreuzes und der Unanschaulichkeit der Auferstehung jenseits der Todeslinie ist. Gott ist *in* diese Welt eingegangen. Das Wort wurde Fleisch – diese Aussage des Johannesevangeliums wird zentral.

Darüber hinaus wird Christus aus einem einzigen Punkt, außerhalb dessen die ganze Welt gleichsam unter Gottes Zorn dahinsiecht, zu der umfassenden Hülle, die die ganze Welt umspannt. Wohl bleibt der Gedanke erhalten, daß Gott nur und ausschließlich in Jesus Christus gnädig an den Menschen handelt. Aber wo gibt es nun noch etwas, das außerhalb Jesu Christi wäre? Alles Handeln Gottes geschieht nunmehr unfassend in Christus. Und damit bekommt der Gedanke vom ausschließlichen Heilshandeln in Christus eine andere Wendung. Aus dem exklusiven wird ein inklusiver Sinn.

Diese Wendung vollzieht Barth weithin sichtbar in der Neudurchdenkung der alten Prädestinationslehre. Und endlich gewinnt er auch folgerichtig eine neue Würdigung der Schöpfung. Auch die Schöpfung wird bereits in Christus gesehen! Christus

10. A. a. O., S. 486 f.

ist gleichsam der innere Grund dafür, daß Gott die Welt überhaupt erschafft. Weil auch die ganze Schöpfung schon auf Christus bezogen ist, hören wir nunmehr ein Ja und nicht bloß ein Nein zur Schöpfung. Dieses Ja hat zwar seiner Begründung nach – weil diese christozentrisch ist – mit der natürlichen Schöpfungstheologie der Aufklärung nichts zu tun. Aber in der Entschiedenheit der Bejahung ist es mit dem Ja der Aufklärung vergleichbar.

Damit bekommt das Glaubensdenken Barths eine völlig andere Färbung und andere inhaltliche Akzente, während es in dem formalen Beharren auf der Offenbarungstheologie und der Verwerfung des selbständigen menschlichen Denkens konstant bleibt. Diese Konstanz wird vielleicht noch dadurch verstärkt, daß Barths Denken zunehmend kirchlich-dogmatisch wird, das heißt bei allem Festhalten an der biblischen Offenbarung in Christus allein doch diese Offenbarung immer mehr mit den Vorstellungen des traditionellen kirchlichen Dogmas interpretiert. Die alten Konzilsbeschlüsse, die die Dreieinigkeit Gottes und die Gottmenschheit Christi festgelegt hatten, werden für Barth undiskutable Interpretamente der biblischen Christuserscheinung, obgleich die historische Forschung längst erwiesen hatte, daß bei der Bildung jener Dogmen gerade der hellenistische und nicht der biblische Geist am Werke war. Parallel mit dieser Verkirchlichung geht die wachsende Entfremdung von Kierkegaard, dem der expressionistische »Römerbrief« noch viel näher gestanden hatte. Das biblische Pathos Barths erhält dadurch einen stärker kirchlich traditionellen Charakter, so daß ihn einige einfach als Restaurator der Orthodoxie verstanden, was er nur sehr bedingt gewesen ist. Gerade an der Prädestinationslehre hat er gezeigt, daß er über die Tradition hinwegschreiten konnte, wenn sie seinem Denken nicht entsprach.

Die Wende Barths vollzog sich allmählich, nicht in einem Sprung. Sie bedeutet die Aufhellung des düsteren Bildes, indem die Radikalität des Gerichts durch die noch größere Radikalität der Gnade überglänzt wird. Wir haben deshalb die weiteren wichtigsten Grundgedanken Barths nach der Römerbriefzeit unter dem Aspekt des Triumphes der Gnade zu würdigen.

3. Die radikale Gnade

Aufsehenerregenden Ausdruck fand Barths Durchstoßen zur universalen Gnade in der Art und Weise, wie er die alte reformierte Lehre von der Prädestination umwandelte und sie aus etwas Bedrohlich-Düsterem zu der Grundlage der unbedingten und allgemeinen Heilsgewißheit machte. An diesem Punkte tritt das Charakteristische an Barths Glaubensdenken besonders plastisch in Erscheinung. Wiederum ist die Radikalität zu beachten, mit der er ein einzelnes Moment bis zur letzten Konsequenz treibt und dabei Gegeninstanzen, die von ganz anderen Gegebenheiten her bestimmt sind, unberücksichtigt läßt. Wie bei der früheren Konzeption Gottes als des Minus vor der Klammer »Welt« ist ein einziger Punkt in die Mitte gerückt und dann unverrückbar bis ans Ende festgehalten. Bei der Prädestinationslehre ist es nun aber nicht der Punkt des Gerichtes, sondern derjenige der Erwählung zum Heil.

Um das Charakteristische an Barths Gedankengang zu verstehen, ist es unerläßlich, kurz den Prädestinationsgedanken überhaupt zu skizzieren, wie er sich im Laufe der christlichen Glaubensgeschichte ausgeprägt hat.

Der Prädestinationsgedanke kann aus einigen biblischen Stellen abgeleitet werden, wenn auch nicht als geschlossene Lehre. Andere Aussagen der Bibel wiederum scheinen in andere Richtung zu weisen. Während in der ersten Zeit der alten Kirche andere Probleme im Vordergrund standen, schlug Augustin entschieden den Weg zur Prädestination ein; ihre klassische Ausprägung fand die Lehre bei Calvin und, undifferenzierter, in der Calvinistischen Orthodoxie. Die Synode von Dordrecht (1618–1619) erklärte eine ziemlich rigorose Prädestinationslehre für verbindlich.

Der Prädestinationsgedanke geht zunächst von einer Trennung

der Menschen in zwei Gruppen aus; er unterscheidet Erwählte und Verdammte. Der Glaubende erfährt sich selbst als einen, der Heil empfangen hat; gleichzeitig aber muß er feststellen, daß eine große Zahl von anderen diesen Glauben nicht teilt, außerhalb dessen er kein Heil sieht. Warum ist das so? Je mehr der Glaubende sein Heil als Gnade versteht und nicht als seine eigene aus seiner Freiheit erwachsende Leistung, um so mehr wird er auch seinen Glauben als Geschenk Gottes auffassen. Um so rätselhafter muß es ihm sein, daß viele den Glauben nicht haben, der weder Verdienst noch Belohnung für eine Leistung ist. Wenn er reines Gnadengeschenk ist, dann legt sich der Schluß nahe, daß Gott dieses Geschenk den einen zuweist, den anderen versagt, ohne daß, außer dem es eben so wollenden Willen Gottes, ein Grund dazu ersichtlich wäre. Wird nun der Gottesbegriff so statisch, daß es Gottes unwürdig zu sein scheint, Pläne zu ändern, dann ist die Konsequenz naheliegend, daß solche Erwählung eben von Ewigkeit her beschlossen sei. Erwählen, erwählt haben und in Zukunft erwählen sind vor Gott eins. Das Absurde des Gedankens, Gott habe von Ewigkeit her einige wenige zur Seligkeit, die große Menge aber zur ewigen Verdammnis bestimmt, ist freilich nicht zu verkennen. Aber die Schlußfolgerung scheint so unausweichlich, daß man es in Kauf nimmt.

Die Prädestinationslehre hat noch eine andere Seite. Bei der christlichen Verknüpfung der Seligkeit mit der Heilstat Christi am Kreuz ist offensichtlich der zu Christus Gekommene der Gerettete. Die erwählende Gnade Gottes drückt sich also in der Sendung Christi aus und konkretisiert sich im Glauben an diese. Was mit Christus zusammenhängt, ist der manifeste Liebeswille Gottes. Der verdammende Wille Gottes jedoch ist offenbar außerhalb der Erbarmung in Christus.

Wenn das Erbarmen Gottes mit Christus identifiziert wird, wenn außerhalb Christi kein Heil ist, dann ist das Unheil eben das Schicksal, das den Menschen von Gott außerhalb Christus trifft. Es ist Gott abgesehen von seiner Zuwendung in Christus, der »absolute« Gott, der in der Verdammung am Werke ist. Christus ist demnach ausschließlich der Heilswille Gottes und der ausschließliche Heilswille Gottes, so daß es innerhalb von Christus kein Unheil, außerhalb seiner kein Heil gibt. Aber Christus ist nicht der *ganze* Wille Gottes. Es gibt außerhalb des Gnadenwillens in Christus noch den Verwerfungswillen. Die Gnade ist nur partikular, entsprechend der Erfahrung, daß keineswegs alle Menschen, ja sogar nur relativ wenige, von Christus ergriffen sind. Da diese schreckliche Erfahrung auf Gottes ewigen Willen zurückgeführt werden muß, entsteht der Gedanke vom »schrecklichen Ratschluß« (horribile decretum bei Calvin), dem »absoluten Ratschluß« (decretum absolutum) des absoluten Gottes außerhalb Christi. Gott handelt also an den Menschen in doppelter Weise: außerhalb Christi verdammend, in Christus zur Seligkeit erwählend.

An dieser Stelle nun setzt Barths originaler und für sein Glaubensdenken fundamentaler und ganz charakteristischer Gedankengang ein. Er nennt ihn geradezu eine »unheimliche Erleuchtung«[11]. Es ist die Erleuchtung, daß Gott *überhaupt nur* in Christus mit den Menschen umgeht. Es gibt also gar kein absolutes Dekret außerhalb Christi und deshalb überhaupt keine Bestimmung zur Verdammnis, sondern die Gnadenwahl besteht einzig und allein in der Erwählung. Die Erwählung Christi ist Gottes Wahl der Zuwendung zum Menschen als solchem.

Der *ganze* Umgang Gottes mit dem Menschen ist in dem Namen Jesus Christus beschlossen. Es gibt keine Unterscheidung von Gott als absolutem Willen und Gott als in Christus Erwählendem. Gott ist nicht auch noch der Unbekannte, sondern für uns ausschließlich der in Christus Erkannte. Der Gnadenwille Gottes ist universal, weil Gott außerhalb Christi überhaupt nichts mit dem Menschen zu tun hat. Und das ist auch deshalb so, weil ja Christus selbst Gott ist, nämlich der erwählende Gott, nicht nur der erwählte Mensch. Dieser Grundgedanke, daß außerhalb Jesu Christi überhaupt kein Kontakt zwischen Gott und Mensch beste-

11. Die Kirchliche Dogmatik, Zollikon 1932 ff., Bd. II/2, S. 160.

he, hat bereits den Römerbrief von Karl Barth beherrscht. Indes bedeutete das dort die Gottlosigkeit der Welt außerhalb des einen, unanschaulichen, nicht Gestalt in der Welt gewinnenden Punktes Christus und deshalb das Gericht über die Welt. Doch nun wird aus dem Tangentialpunkt das Ganze. Jesus Christus, und das heißt für Barth nicht nur der historische Jesus von Nazareth, sondern der ewige, präexistente Jesus Christus als Sohn Gottes, als zweite Person der Dreieinigkeit, als Gott selbst, ist das gesamte Handeln Gottes mit der Welt. Es gibt nicht nur keinen Verdammungswillen, sondern nicht einmal eine Schöpfung außerhalb Jesu Christi. Die Schöpfung bereits ist auf Christus hin entworfen!

Damit ist schlechthin alles in das Licht der Gnade getaucht. Das wirklich Böse existiert nur noch als Schatten, als Nichtiges, von Gott nicht Geschaffenes, sondern bei der Schöpfung Übergangenes. Barth spricht diesen Sieg der Gnade in der Terminologie der altkirchlichen dogmatischen Formeln folgendermaßen aus:

»Das Prädestinationsdogma besteht also in seiner einfachsten und umfassendsten Form in dem Satz: die göttliche Prädestination ist die *Erwählung Jesu Christi.* Der Begriff der Erwählung redet aber von einem Doppelten: von einem Erwählenden und von einem Erwählten. Und so schließt ja auch der Name Jesus Christus ein Doppeltes in sich: daß der, der so heißt, wahrer Gott und daß er zugleich wahrer Mensch ist. Danach gliedert sich jene einfachste Form des Prädestinationsdogmas zunächst in zwei Sätze, die dahin lauten, daß Jesus Christus *der erwählende Gott,* und: daß er *der erwählte Mensch* ist ...

Man beachte sofort die kritische Bedeutung dieses ersten Satzes (sc. daß Jesus Christus der erwählende Gott ist) in seinem Verhältnis zu der überlieferten Fassung der Prädestinationslehre. Er im Besonderen verdrängt und ersetzt die Vorstellung vom decretum absolutum.«[12]

Die Universalität der Gnade bedeutet für Barth keineswegs eine Schönfärberei der Welt oder einen Optimismus, der die Tiefe der Sünde leugnen würde. Vielmehr bedingt die Universalität der

12. A. a. O., S. 110 f.

Gnade auf der anderen Seite eine ebensolche Universalität der Stellvertretung Christi im Aufsichnehmen der Verwerfung, die eigentlich allen zukäme:

»Ebenso ist nun aber auch, wer und was *ein* Verworfener ist, streng und genau nur dem Bild des einen Jesus Christus zu entnehmen. *Er* ist – gerade auf Grund seiner Erwählung – der Mensch, der durch Gottes gerechtes Urteil verstoßen und dem ewigen Tod übergeben ist. Es ist in echter Vollstreckung echter Erwählung gerade *sein* Leben in Wahrheit das eines solchen, der Gottes vernichtende Feindschaft zu erleben hat. Daß er es auf sich nimmt, ein solcher zu sein, das ist die Besonderheit des Ortes, an den er inmitten aller anderen gestellt ist. Ihn, seinen Sohn und Freund sondergleichen, hat Gott ›zur Sünde gemacht‹. *Er* ist *der* verworfene Einzelne.«[13]

In solchen Abschnitten kommt die ganze dialektische und dogmatische Denkweise Barths zum Ausdruck. Im Rahmen der alten Vorstellungen und Begriffe, die er moduliert, bringt er je länger je mehr das große Ja zum Ausdruck, das Gott über seine Schöpfung und seine Menschen trotz allem ausspricht. Er sieht es ausschließlich in dem Namen Jesus Christus, aber er weitet diesen so allseitig aus, daß es ein umfassendes Ja wird, außer dem es gar nichts mehr gibt. Der Glaube, der im Römerbrief bloß ein Hohlraum war, wird jetzt wohl zum Zeugnis der Gnade in Christus, aber diese Gnade geht weit über die hinaus, die solchen Glauben bezeugen. Gott hat das Heil für uns von Ewigkeit her beschlossen, er hat es ohne unser Zutun, außerhalb unser selbst, ohne uns zu fragen, ohne unser Einverständnis einzuholen, auf Golgatha zum Ziel geführt. So *ist* nun das Heil erschienen, und niemand kann, sei es durch Glauben oder durch Unglauben, etwas dazu oder davon tun. Der Mensch kann nicht gegen Gottes Willen seine Verdammnis herbeiführen. Es besteht nicht mehr die Möglichkeit, daß ein Adam durch einen Sündenfall das Heil verpfuscht. Das Heil ist nicht nur Hoffnung, nicht bloße

13. A. a. O., S. 388.

Zukunft, sondern vielmehr Gegenwart, ja Vergangenheit. Es ist bereits unumstößlich geschehenes Geschehen, irreversibel, ein Perfectum, und zwar ein ewiges, ein perfectum aeternum.

Die reformatorische These »Allein durch die Gnade!« ist damit zur äußersten Konsequenz gebracht, um so mehr, als der Verwerfungswille Gottes ausfällt und damit die Zweiheit von ewiger Chance und ewiger Bedrohung dahingesunken ist. Es ist nicht zufällig, daß im Gefolge einer solchen Denkweise die alte, vielumstrittene Lehre von der »Apokatastasis panton«, der »Wiederbringung aller Dinge« am Horizont auftaucht. Es ist die Hoffnung, daß die Ewigkeitsgeschichte nicht in einem zwiefachen Ausgang ende, mit ewig Seligen und ewig Verdammten, sondern in der Harmonie der Errettung aller. Diese Lehre wurde schon von dem Kirchenvater Origenes (185–254 n. Chr.) vertreten, der am Ende selbst den Teufel sich bekehren und selig werden ließ. Karl Barth hat sich nicht ausdrücklich zu der Lehre von der Apokatastasis bekannt, aber es ist kein Zweifel, daß das Gefälle seiner Darlegungen in diese Richtung weist.

Bei aller Reichhaltigkeit der umfassenden Darstellung des Glaubens, für die Barth viele Tausende von Druckseiten aufgewendet hat, sind doch die Grundprinzipien seiner Denkungsart, die er mit unerbittlicher Konsequenz aufrechterhält, so einfach, daß sie an den verschiedensten Teilen seines dogmatischen Lehrgebäudes aufgezeigt werden könnten. Wir haben die Prädestinationslehre gewählt, weil sie für die Denkweise Barth ganz besonders charakteristisch ist. Es ist ja völlig unmöglich, in einer kurzen Skizze einen Eindruck von der gesamten Fülle der von Barth angeschnittenen Probleme zu geben, und überdies gehört zu Barth auch das Ausladende, Breite, Ausführliche, das erst seinen Büchern die Abrundung gibt. Auf knappe Thesen gebracht, verlieren seine Gedanken an Lebendigkeit. So müssen wir Wesentliches beiseite lassen und sind gezwungen, uns auch bei den aufgenommenen Gesichtspunkten mit der Herausarbeitung der Grundstrukturen zu begnügen.

Das Typische ist aber immerhin schon an einem einzigen Beispiel ersichtlich. Auch anderswo geht Barth mit derselben Methode vor wie bei der Entfaltung der Prädestinationslehre. Wir wollen noch auf zwei Punkte hinweisen, die uns schon andeutungsweise beschäftigt haben, auf das Eingehen Gottes in die Schöpfung und auf die Schöpfung selbst.

Beim frühen Barth gab es ja keine anschauliche Verwirklichung des Heils Christi in dieser Welt, Gott ging gleichsam nicht in sie ein, berührte sie nur. Nun aber wird für Barth das Eingehen Christi als des Liebeswillens Gottes in diese Welt immer konkreter. Wiederum zeigt er dies mit Hilfe der alten, traditionellen Vorstellungen. Neben die Prädestinationslehre tritt an dieser Stelle die Inkarnation, die Menschwerdung des präexistenten Gottessohnes. Wir haben schon kurz darauf hingewiesen. Ein charakteristisches Beispiel für Barths Denkweise ist in diesem Zusammenhang die Art, wie er überlieferte Vorstellungen benutzt, um seine Grundanliegen zur Geltung zu bringen. Eines dieser Anliegen ist ja, wie deutlich geworden ist, die alleinige Aktivität Gottes im Hinblick auf unser Heil.

Von da aus greift Karl Barth die alte, vielumstrittene Vorstellung von der Jungfrauengeburt Jesu wieder auf. Warum tut er das? Wozu stürzt er sich in solche Schwierigkeiten? Ihn kümmert aber weder die historische Fragwürdigkeit der Überlieferung, noch die naturwissenschaftliche Absurdität der Vorstellung. Naturwissenschaft und historische Kritik haben *theologisch* nichts zu bedeuten. Gottes Offenbarung ist souverän, und Gott ist frei, zu handeln wie er es beschließt. Es ficht Barth auch nicht an, daß die Vorstellung von der Jungfrauengeburt eine zwar poetische, aber nicht überzeugende Art ist, die Göttlichkeit Jesu zu beweisen. Das alles fällt nicht ins Gewicht. Denn Barths Interesse an dieser Lehre ist ein ganz anderes.

Sie bringt für ihn klassisch zum Ausdruck, daß Gott des Menschen und seiner Aktivität, in diesem speziellen Zusammenhang des Mannes, nicht bedarf, um das Heil der Menschen zu bewerkstelligen. Gott braucht die Männer nicht. Barth spricht von der »signifikanten Nichteignung des Mannes zum Vater des Immanuel«[14]. Maria jedoch ist nur passiv beteiligt. Sie stellt jenes bloß empfangende Moment dar, das genau der Situation des Menschen im Hinblick auf den Empfang des Heils überhaupt entspricht. Genau dieses einfache, schlichte Hinnehmen, ohne selbst etwas dazu zu tun, ist ihm die Grundhaltung des Glaubens, der nichts für sich selbst zur Geltung zu bringen sucht. So wird für Barth die Jungfrauengeburt zum anschaulichen Ausdruck dafür, wie Gott unser Heil in Christus verwirklicht, und er bejaht deshalb die Lehre, ohne durch ihre allgemeine historische, naturwissenschaftliche oder theologische Fragwürdigkeit angefochten zu werden. Der Verweis auf die Freiheit Gottes und die Souveränität der Offenbarung hilft ihm über alle Bedenken hinweg.

Wenn die Inkarnation das wirkliche Eingehen Gottes in diese Schöpfung bedeutet, dann ist diese Schöpfung schon zum voraus für dieses Ereignis von Gott bereitet. Die Universalität der Erwählung in Christus dehnt sich so über die Geschichte hinaus auf die Schöpfung selbst aus. Das Geschehen der Schöpfung ist schon Heilsgeschichte. Die Schöpfung wird in die Christologie hineingenommen, und von daher bekommt sie Anteil am großen Ja. Gegenüber den negativen Urteilen im »Römerbrief« kann Barth nunmehr in ganz erstaunlich optimistischen Wendungen von der Schöpfung sprechen, ebenso bejahend wie die Aufklärer des 18. Jahrhunderts, freilich mit ganz anderer Begründung. Nicht aus der Ordnung der Welt und der daraus erschlossenen Weisheit und Güte Gottes fließt der Optimismus als Ausdruck natürlicher, vernünftiger Theologie. Nur aus dem eindeutigen Bezug auf die Offenbarung in Christus ist der Optimismus zu begründen. Weil Gott den Menschen von Ewigkeit her in Christus erwählt hat, darum ist die Erwählung älter als die Schöpfung. So geschieht die Schöpfung schon um Christi willen. Der Bund der Erwählung ist der innere Grund der Schöpfung; die Schöpfung ist der äußere Grund des Bundes in dem Sinne, daß sie ihn konkret ermöglicht.

Der Universalismus der Gnade in Christus wäre nicht bis in die

14. Die Kirchliche Dogmatik I/2, S. 213.

letzte Konsequenz durchgeführt, wenn er nur geschichtlich bliebe und nicht die ganze Schöpfung mitumfaßte. Freilich wird durch diese heilsgeschichtliche Perspektive der Schöpfung der ganze Kosmos, wie es dem alten biblischen Weltbild entspricht, unter anthropozentrischem Blickwinkel gesehen. Die ganze Schöpfung erfolgt um Christi und also um des Menschen willen, besser um des Bundes Gottes mit den Menschen willen. Aber Barth nimmt diese anthropozentrische Verengerung in Kauf. Weder daran noch an irgendwelchen möglichen naturwissenschaftlichen Einwänden stößt sich die Folgerichtigkeit des christozentrischen Denkens. Wiederum läßt Barth die Souveränität der Offenbarung über alle menschlichen Einwände hinwegschreiten. Die theologische Auslegung der Schöpfung ist von der naturwissenschaftlichen prinzipiell unabhängig.

In diesem Zusammenhang wird noch ein anderer Wesenszug der Barthschen Theologie sichtbar. Auch er fügt sich ganz in die Grundgedanken dieser theologischen Denkungsart ein. Es ist das Grundprinzip seiner Bibelauslegung. Der Inhalt des biblischen Zeugnisses ist die Zuwendung Gottes zum Menschen in Christus. Christus ist *der* Inhalt der Bibel; so ist die Bibel überall auf Christus hin auszulegen. Nun gibt es freilich sehr viele biblische Texte, in denen Christus nicht unmittelbar vorkommt, insbesondere im Alten Testament. Gerade auch die Schöpfungsgeschichte ist ein solcher Text. Er erzählt von einem allgemeinen Schöpfungsbezug Gottes zur Welt, ohne Christus auch nur zu erwähnen. So ist die Schöpfungsgeschichte immer für die natürliche Theologie in Anspruch genommen worden. Für Barth aber ist schon die Schöpfung ein christologisches und heilsgeschichtliches Ereignis, denn die ganze Bibel ist Christuszeugnis. Folgerichtig ist auch die Schöpfungsgeschichte christologisch auszulegen. Barth verfährt bis in die Einzelheiten hinein folgerichtig und legt die Schöpfungsgeschichte so aus:

»Warum konnte und durfte sich der Mensch am Zusammensein mit den Tieren nicht genügen lassen? Warum konnte er nur in der Frau die Hilfe, die ihm mangelte, erkennen? *Darum,* ist vom Neuen Testament her zu

antworten, weil die Berufung und Sammlung der Gemeinde Jesu, um deretwillen er geboren, gekreuzigt und auferstanden ist, Sache seiner eigenen freien Erwählung sein sollte ...
Warum mußte der erste Mensch in jenen Tiefschlaf versetzt werden, während dessen Gottes Werk ihm geschah, in welchem die Frau ihren Ursprung hatte? *Darum,* ist vom Neuen Testament her zu sagen, weil Jesu Gemeinde in seinem Todesschlaf ihren Ursprung haben, in seiner Auferstehung vollendet vor ihm stehen sollte.
Warum mußte die Frau vom Manne genommen werden, Gebein von seinem Gebein und Fleisch von seinem Fleisch? nämlich ›gebaut‹ aus seiner Rippe? *Darum,* weil der Tod Jesu seine Dahingabe für seine Gemeinde sein, weil ihre Versöhnung eine Vertauschung zwischen göttlicher Herrlichkeit und menschlichem Elend sein sollte.«[15]

An dieser Stelle muß man wohl sagen: Es ist die Grenze seriöser Schriftauslegung erreicht, wenn nicht überschritten. Die Bedenkenlosigkeit, mit der Barth durch willkürliche Analogie alles aus den Texten herausholt, was seinem System, hier der christologischen Bedeutung der Schöpfung, entspricht, steht doch wohl im Gegensatz zu seiner Forderung, schlicht auf das zu hören, was die Bibel als Wort Gottes sagt. Die unerhörte Konsequenz, mit der Barth jeweils je einen Gedanken bis ans Ende vortreibt, hat auch in der Schriftauslegung die Kehrseite, daß er über alle Gegeninstanzen und Bedenken einfach hinweggeht. So wirken solche Aussagen gleichzeitig imposant und fragwürdig.
Es ist deshalb zu verstehen, warum Barth auf der einen Seite eine so unerhörte Wirkung auf die Kirchen haben konnte und auf der anderen Seite umstritten blieb.
Gewaltig aber ist sein Weg von der radikalen Verneinung der Welt in der Römerbriefzeit bis zu jener Reife der Altersweisheit, in der ihm die Menschenfreundlichkeit und Menschlichkeit Gottes zum beherrschenden Zug seines Glaubens wurden.
Durch diese Vollendung der Wende bekommt auch sein grundsätzlich so autoritatives Denken einen weicheren, humaneren

15. Die Kirchliche Dogmatik III/1, S. 367 f.

Zug, eine bei dem unerbittlichen und harten Kämpfer der frühen Jahren fast ungewohnte Milde, die freilich keine allgemein menschliche Milde sein will, sondern eine betont christologisch begründete Milde.

Gott wird damit aus dem »Ganz Anderen« der, der mit dem Menschen zusammen sein will. Gerade dadurch, daß Gott in seiner Freiheit der Partner des Menschen sein will, hat seine Divinität auch – unerwarteterweise, erstaunlicherweise – den Charakter der Humanität. Und so ist die letzte Aufgabe der Theologie – ja, Barth kann jetzt sogar sagen: der theologischen Kultur – eine positive. Nicht das Gericht soll verkündigt werden, sondern die Geschichte Gottes, in der die Gemeinschaft zwischen Gott und Mensch Ereignis wird und zum Ziele kommt. Der garstige Graben der Sünde und Entfremdung ist wohl da. Aber er ist in Christus überbrückt, und »den in Jesus Christus geschlossenen Abgrund wieder aufzureißen, kann nicht unsere Aufgabe sein«[16]. Damit öffnet sich die Welt mit ihren Aufgaben in einer Weite, wie es beim frühen Barth nicht möglich war, und neben dem Ernst des Lebens kommt auch seine Schönheit zur Geltung. Es erwächst das Recht zur Freude. Und über den calvinistischen Ernst der Pflichterfüllung und der Arbeit zur Ehre Gottes hinaus öffnet sich dem Menschen durch Gottes Menschlichkeit ein Raum der Freiheit, des Spieles, der Unbefangenheit; denn dieser Gott erscheint als ein großzügiger Gott, der nicht ein Sklavenhalter ist, sondern dem Menschen die Selbstverwirklichung seines Wesens gönnt. Auch dieser Aspekt gehört zu der Milde des alten Barth, und er findet dafür die menschlichen Worte:

»Und so darf auch der Mensch ausgehen an seine Arbeit und an sein Ackerwerk bis an den Abend, wozu dann gewiß auch dies gehört, daß er seine Sinne und seinen Verstand brauchen, zwei mal zwei vier sein lassen, aber auch dichten, denken und musizieren, aber auch essen und trinken, fröhlich und manchmal auch traurig sein, lieben und auch einmal hassen,

16. Die Menschlichkeit Gottes, Theol. Studien, Heft 48, Zollikon 1956, S. 22.

jung sein und alt werden darf – das alles in eigener Erfahrung und Tätigkeit ... Nur die falschen Götter beneiden den Menschen. Der wahre Gott, der sein unbedingter Herr ist, *erlaubt* es ihm, eben das zu sein, wozu er ihn gemacht hat. Er ist zu vornehm, um ihm das nun doch wieder zu verübeln und zu verwehren. Hieß es nicht vielmehr, daß die göttliche Weisheit geradezu ihr *Ergötzen* hatte an den Menschenkindern?!«[17]

So erweist sich der Gott der radikalen Gnade in Christus als ein liberaler Gott, dessen Geschöpf zu sein sich lohnt, und über dem bitteren »Du mußt« und dem strengen »Du sollst« erscheint das heitere »Du darfst« als die Ermächtigung des Evangeliums zum Leben.

17. Die Kirchliche Dogmatik III/3, S. 98 f.

Rudolf Bultmann

Geb. 1884

Als Sohn eines Pfarrers wurde Rudolf Bultmann am 20. August 1884 in Wiefelstede geboren, einem Dorf in der Nähe Oldenburgs. Er besuchte in Oldenburg dasselbe humanistische Gymnasium wie der ein Jahr jüngere Karl Jaspers, wo ihn, im Gegensatz zu Jaspers, der Religionsunterricht besonders interessierte. In Tübingen, Berlin und Marburg studierte Bultmann Theologie und Philosophie, um sich dann unverzüglich der wissenschaftlichen Laufbahn zuzuwenden. 1910 erfolgte die Promotion, 1912 die Habilitation für Neues Testament an der Universität Marburg. Marburg blieb Bultmanns akademische Heimat. Wohl wurde er 1916 nach Breslau, 1920 nach Gießen berufen. Aber als er 1921 einen Ruf nach Marburg als Nachfolger von Wilhelm Heitmüller bekam, war es für ihn die Heimkehr. Bis zu seiner Emeritierung 1951 blieb er in Marburg, der typische Gelehrte und Professor.

In Marburg wurde er zum Mitbegründer und führenden Vertreter der »Formgeschichte«, einer neuen und verfeinerten Methode neutestamentlicher Forschung. Er befreundete sich mit Karl Barth und der dialektischen Theologie, gleichzeitig aber auch mit dem damals in Marburg dozierenden Existentialphilosophen Martin Heidegger.

Während der Zeit des Nationalsozialismus schloß sich Bultmann der Bekennenden Kirche an. Bekannt ist seine mutige Stellungnahme gegen den Arierparagraphen 1933; auch das damalige klare Gutachten der Mar-

burger Fakultät ist, wenn auch vom Dekan von Soden unterzeichnet, von Bultmann mitverantwortet. Nach den Schwierigkeiten und Einengungen der nationalsozialistischen Zeit – sein Bruder starb im Konzentrationslager – erlebte er den Einmarsch der Amerikaner in Marburg als Befreiung. Wegen seiner klaren Stellungnahme in der Frage des mythischen Weltbildes der Bibel erfuhr er in den letzten Jahrzehnten zahlreiche Anfeindungen von seiten konservativer Kräfte der Kirche.
Seine wissenschaftlichen Leistungen machten ihn in seinem Fache zum unbestrittenen Meister und zum Haupt einer weitverzweigten Schule neutestamentlicher Foscher. Neben seiner frühen Geschichte der synoptischen Tradition, die seine formgeschichtliche Arbeit begründete, dem berühmten Kommentar zum Johannesevangelium und der Theologie des Neuen Testaments hat Rudolf Bultmann durch eine unübersehbare Zahl von größeren und kleineren Arbeiten zu Fragen der Theologie und der neutestamentlichen Wissenschaft Stellung genommen. Vieles davon ist in den Sammelbänden »Glauben und Verstehen« zusammengefaßt.

1. Die drei Wurzeln des Denkens Rudolf Bultmanns

Sein bleibendes Lebenswerk hat Rudolf Bultmann als Gelehrter und Wissenschaftler auf dem Felde der Neutestamentlichen Forschung geschaffen. In überaus zahlreichen Schriften größeren und kleineren Umfangs hat er nicht nur die von ihm mitbegründete Methode der »Formgeschichte« an den neutestamentlichen Texten meisterhaft durchgeführt. Er hat darüber hinaus durch große Gesamtdarstellungen, die gleichzeitig auch das kleinste Detail auf das gewissenhafteste bedenken, klassische Werke der neutestamentlichen Wissenschaft hervorgebracht.
Wäre Bultmann aber nur der große Gelehrte, dann hätte er nicht derart bewegend auf die breite Öffentlichkeit in und außerhalb der Kirche zu wirken vermocht. Über sein engeres Fachgebiet hinaus ist er vielmehr ein umfassender Denker des christlichen Glaubens überhaupt geworden, der eine eigenständige und imposante Durchdenkung der Gesamtfragen geleistet hat. Die akribe Arbeit in seinem speziellen Fachgebiet und die weiten Horizont bekundende Gesamtschau haben sich dabei gegenseitig durchdrungen, beeinflußt, gestärkt und bestätigt. So ist es oft schwer auszumachen, wo der Vertreter der Neutestamentlichen Wissenschaft und wo der Denker spricht. Unser Interesse richtet sich auf Bultmanns Gedanken über den Glauben. Seine wissenschaftliche Leistung fällt deshalb nicht in unser Blickfeld, sondern bildet nur den Hintergrund, von dem aus er immer argumentiert.
Wenn wir den geistigen Raum bedenken, in dem sich Bultmann bewegt, dann fällt uns auf, wie in ihm gleichsam drei verschiedenartige Ströme zusammengeflossen sind. Er hat daraus ein Neues und Ganzes gemacht, ohne verhindern zu können, daß die Spannungen, die in den ursprünglich so gegensätzlichen Voraussetzungen gelegen haben, sich doch auch in seiner Synthese bemerkbar machen. Denn er hat es im Grunde unternommen, fast Unvereinbares zusammenzudenken. Er ist deshalb oft zu Unrecht mißverstanden oder mißdeutet worden, sei es, daß man ihn – so etwa Karl Jaspers – für orthodox hielt, sei es umgekehrt,

daß man ihn der Auflösung des christlichen Glaubens bezichtigte und ihm allerlei Ketzerhüte aufsetzte.

Die drei Ströme, die in Bultmann zusammengeflossen sind, sind sehr unterschiedlicher Art:

Der erste Strom ist der breite Strom der historisch-kritischen liberalen Theologie des 19. Jahrhunderts. In diesem Geist wuchs Bultmann auf; vor allem ist seines Marburger Lehrers Wilhelm Herrmann zu gedenken. Die intellektuelle Redlichkeit der wissenschaftlich-kritischen Arbeit an der Bibel, die Wahrhaftigkeit im Umgang mit der christlichen Vergangenheit und die neuprotestantische Bejahung des modernen Weltbildes im Gegensatz zu einem vergangenen, mythisch-supranaturalen gehören zum Erbe Bultmanns aus dieser Welt seines Herkommens. Niemals hat er darauf Verzicht geleistet.

Immer weniger aber befriedigte ihn die ganze religiöse Art des Kulturprotestantismus. Sie kreist ihm zuviel um den Menschen und seine Anliegen, zuwenig um Gott. Das ist einer der Hauptvorwürfe, die er gegen die liberale Theologie in seinem Aufsatz »Die liberale Theologie und die jüngste theologische Bewegung«, der zu Beginn der zwanziger Jahre so etwas wie einen Absagebrief an die liberale Theologie darstellte, gerichtet hat: Ihr Fehler »ist der, daß sie nicht von Gott, sondern von Menschen gehandelt hat«[1].

Dieses Urteil fällt Bultmann schon von seiner zweiten Position aus, die für ihn grundlegend wurde. Es ist der Einfluß Karl Barths und seiner »dialektischen« Offenbarungstheologie.

Bultmann war einer der ersten, die sich den Grundgedanken Barths anschlossen, und er zählte dann zusammen mit diesem, mit Eduard Thurneysen und Friedrich Gogarten zu den Gestaltern und Führern der neuen Bewegung, obgleich nicht nur seine Gemeinsamkeit, sondern auch sein Gegensatz zu Barth groß

1. (Titel ohne Autorenbezeichnung sind Werke Rudolf Bultmanns) Glauben und Verstehen I, 6. Aufl., Tübingen 1966, S. 2.

sind[2]. Die Differenzen sind mit der Zeit immer schärfer geworden, bis zuletzt Karl Barth das Verhältnis zwischen ihnen mit der Situation eines Walfisches und eines Elefanten verglich, die in verschiedenen Elementen leben und vergeblich danach trachten, sich zu verstehen[3].

Ein dialektischer Theologe wurde Bultmann vor allem durch die Aufnahme des radikalen Offenbarungsdenkens. Vom Menschen aus kann nicht über Gott geredet werden. Der Inhalt des Glaubens besteht gerade in dem, was der Mensch sich nicht selbst sagen kann. Das radikale Offenbarungsgeschehen in Christus ist der alleinige und einzige Grund, der es möglich macht, von Gott überhaupt zu reden. »*Außerhalb der Offenbarung ist Gott nicht und nie da.*«[4]

Diese Offenbarung trifft den Menschen im »Kerygma«, das heißt dem verkündigenden Ruf von Gottes Heilsgeschehen, wobei im Ergehen und Vernehmen dieses Rufes sich solches Heilsgeschehen gerade mitvollzieht; Kerygma ist also nicht eine bloße Nachricht von vergangenem, längst »historisch« gewordenem Heilsgeschehen.

Dieses Kerygma ist die Voraussetzung jeglichen Glaubens. Es ist anders als die Welt, kommt von jenseits dieser Welt aus dem ganz anderen und entspringt deshalb nicht menschlichen Möglichkeiten. Karl Barth hat diesen Ansatz kompromißlos festgehalten, und Bultmann nimmt ihn, zunächst mit teilweise ebenso radikalen Formulierungen, auf. Beide lehnen einen »Anknüpfungspunkt« der göttlichen Gnade beim Menschen ab.

Aber Bultmann betont, es ginge auch darum, daß das Kerygma *verstanden* werde. Damit nimmt er eine Frage ernst, die ihn in der Folge immer weiter von Barth entfernen sollte. Auch bricht er nicht wie Barth alle Brücken zu der neuprotestantischen Vergan-

2. Vgl. Karl Barth – Rudolf Bultmann, Briefwechsel 1922–66, Zollikon 1971.
3. A. a. O., S. 196.
4. Glauben und Verstehen I, S. 142.

genheit ab, sondern behält das Erbe der wissenschaftlichen Theologie in sich. Das Problem, wieweit dies mit dem Offenbarungsansatz zu vereinigen sei, führt ihn auch wiederum auf einen Weg, der nicht in der Nähe von Barth bleiben kann. Bultmann möchte also als moderner und nicht supranaturalistischer Theologe doch dialektischer Offenbarungstheologe sein. Der Weg dazu scheint sich ihm durch die Begegnung mit der Philosophie zu öffnen, und zwar mit der Philosophie in einer besonderen Gestalt. Dadurch wird das dialektische Element, das bei Barth das Ganze ausmacht, nurmehr zu einem Teilaspekt seines Denkens. Durch das Eingehen auf die Philosophie wird auch erklärlich, warum beim älteren Bultmann ebenfalls das in der Zeit von 1920 bis 1940 zurückgetretene liberal-kritische Erbe sich wieder neues Gewicht gegen das Dialektisch-Offenbarungstheologische verschaffen kann. Das tritt bei der Entmythologisierungsdebatte zutage, über die noch zu berichten sein wird. In ihr hat Bultmann, wie Bonhoeffer sich ausgedrückt hat, die Katze aus dem Sack gelassen, nämlich die liberale Katze aus dem Bekenntnissack[5]. In den zwanziger Jahren betonte Bultmann jedoch weit stärker seine durch die dialektische Theologie erreichte Distanzierung von der liberalen Theologie. Um so mehr griff er nach der neuen Philosophie.

Es ist, zum dritten, die Begegnung mit Martin Heidegger und dessen Existenzphilosophie gewesen, was Bultmann auf das tiefste bestimmt hat. Heidegger, fünf Jahre jünger als Bultmann, war von 1923 bis 1928 Professor in Marburg und direkter Kollege Bultmanns an der Universität. 1927 erschien sein epochemachendes Werk »Sein und Zeit«, das für Bultmann von Bedeutung wurde. Die spätere Entwicklung Heideggers hat er nicht mitgemacht, am wenigsten die fragwürdige Unterstützung des nationalsozialistischen Staates durch Heidegger. Er blieb bei den Analysen von »Sein und Zeit«.

Was nimmt Bultmann von der Existenzphilosophie des frühen Heidegger auf, was kann er mit seiner dialektischen Theologie

5. E. Bethge, Dietrich Bonhoeffer, München 1967, S. 800.

und seiner kritischen Wissenschaft in Beziehung setzen? Heidegger ist ja, gerade in jener Phase seines Denkens, der betonte Atheist!

Der Atheismus Heideggers ist für Bultmann nicht störend. Im Gegenteil, er paßt zu dem Offenbarungsansatz der dialektischen Theologie. Nach Barth und Bultmann kann man von Gott nur aus Offenbarung reden. Jede vom Menschen und also seiner Philosophie ausgehende Rede über Gott ist verfehlt und spricht nicht von Gott, sondern von einem selbsterfundenen Götzen. So ist es folgerichtig, ja geradezu eine Empfehlung für einen philosophischen Denker, wenn er nicht von Gott reden kann, sondern in seiner philosophischen Welt Gott nicht findet. Der atheistische Philosoph ist der Wahrheit näher als der religiöse Philosoph; er hat wenigstens die negative Wahrheit, daß vom Menschen aus über Gott nichts gesagt werden kann.

In dieser Situation zieht Barth den Schluß, daß Philosophie für Theologie unerheblich sei. Bultmann aber, von Heidegger beeindruckt, schließt gerade umgekehrt, und damit eröffnet sich der immer breiter werdende Graben zwischen Barth und Bultmann. Bultmann sagt, daß die Philosophie zwar nicht über Gott, wohl aber über den Menschen und die Welt wesentliche Aussagen machen könne. So wie die historisch-kritische Wissenschaft über den Text und die Umwelt der Bibel wertvolle Erkenntnisse beschaffen kann, so die Philosophie über die menschliche Grundsituation.

Was der Mensch *ohne* das Evangelium ist, das kann uns die Philosophie sagen, und niemand so gut wie sie. Insbesondere die Philosophie Heideggers sieht Bultmann dafür als geeignet an. Sie besteht in der Analyse der spezifisch menschlichen Weise des Daseins. Wichtig ist für Bultmann zunächst die formale Methode der phänomenologisch-existentialen Analyse. Da die Theologie auch vom Menschen sprechen muß, bedarf sie jener Wissenschaft, die den Menschen beschreibt. Darüber hinaus ist aber Heideggers Analyse auch inhaltlich von Bedeutung. Es darf dabei nicht vergessen werden, wie weit Heideggers Analysen von den

Existenzanalysen Sören Kierkegaards mitbestimmt sind; Kierkegaard jedoch kommt in seinem Menschenbild von der christlichen Tradition her. Bei Kierkegaard erscheint der Mensch im Spannungsfeld von Angst, Schuld und Verzweiflung. Bei Heidegger ist er durch die Sorge bestimmt, durch den Tod und durch die Spannung zwischen dem Ruf des Gewissens zur Eigentlichkeit und dem Verfallensein an das Uneigentliche, Nichtige. Damit sind die Beziehungen zum christlichen Menschenbild gegeben. Dieses Verständnis der menschlichen Situation trifft für Bultmann mit dem christlichen Verständnis des Menschen vor seiner Erlösung zusammen, also des Menschen unter dem Gesetz, das ein Gesetz der Sünde und des Todes ist.

Heideggers Weg der Erlösung dagegen, die heroische Entschlossenheit, in der ich vorlaufend den Tod wähle und als Ich eigentlich lebe, ist nicht Bultmanns Weg. Gerade die Erlösung kann sich der Mensch nicht selbst verschaffen. Er kann aber seine verlorene Situation erkennen. Heideggers Philosophie zeichnet den Menschen, wie er ohne das Evangelium ist. Dazu paßt gerade, daß er von Gott nichts zu sagen weiß, denn die Antwort auf die Existenzsituation des Menschen kommt nicht aus der Philosophie, sondern aus der Offenbarung.

Deshalb ist die Philosophie für die Theologie von hoher Bedeutung, denn sie lehrt uns den Menschen sehen, den das Evangelium antrifft. Sie lehrt uns auch, worauf es ankommt, nämlich nicht auf äußere Vorstellungen des Weltbildes, sondern auf das eine, wie ich meine Existenz verstehe und aus der Uneigentlichkeit in die Eigentlichkeit gelange.

Durch diese Beziehung zu Heidegger wird Bultmanns Ansatz gegenüber Barth plötzlich eigenständig und führt in andere Richtung.

Bultmann selbst hat das Verhältnis so dargestellt:

»In dieser neuen theologischen Bewegung (sc. der dialektischen Theologie) schien mir im Unterschied zur ›liberalen‹ Theologie, von der ich herkam, richtig erkannt, daß der christliche Glaube kein Phänomen der Religionsgeschichte ist, daß er nicht auf einem ›religiösen a priori‹

(Troeltsch) beruht und daß daher die Theologie den christlichen Glauben nicht als ein Phänomen der religiösen oder kulturellen Geschichte zu betrachten hat. Von einer solchen Sicht unterschieden, schien mir die neue Theologie richtig zu sehen, daß christlicher Glaube die Antwort auf das Wort des transzendenten Gottes ist, der dem Menschen begegnet, und daß die Theologie sich mit diesem Wort und dem Menschen, der davon getroffen worden ist, zu befassen hat. Dieses Urteil hat mich jedoch nicht zu einer leichtfertigen Verurteilung der ›liberalen‹ Theologie geführt. Im Gegenteil: durch meine ganze Arbeit versuchte ich die Tradition der historisch-kritischen Forschung, wie sie in der ›liberalen‹ Theologie praktiziert wurde, weiterzuführen und sie für unsere gegenwärtigen theologischen Kenntnisse möglichst fruchtbar zu machen.
Dabei wurde die Arbeit der Existenzialphilosophie, die ich durch meine Diskussionen mit Martin Heidegger kennengelernt hatte, von entscheidender Bedeutung für mich. Hier fand ich die Begriffe, mit denen es möglich wurde, angemessen von menschlicher Existenz und damit auch von der Existenz des Glaubenden zu sprechen. Durch meine Bemühung, die Philosophie für die Theologie fruchtbar zu machen, bin ich jedoch immer mehr in Opposition zu Karl Barth geraten. Ich bleibe ihm jedoch dankbar für die entscheidenden Dinge, die ich von ihm gelernt habe.«[6]

2. Glauben und Denken, Theologie und Philosophie

Das Verhältnis zwischen Offenbarung und menschlichem Denken, das bei diesen Voraussetzungen Bultmanns einen wichtigen Raum einnimmt, konzentriert sich bei ihm auf die Begriffe *Glauben* und *Verstehen*. Ohne Verstehen geht die Offenbarung nicht in den Menschen ein. Das aber ist unerläßlich; denn die Offenbarung als Heilsgeschehen besteht ja nicht in der Vermittlung objektiver Informationen über die Himmelswelt, den Heilsplan Gottes, die Erschaffung des Menschen und das Weltbild. Vielmehr eröffnet die Offenbarung dem Menschen die wirkliche Situation seiner Existenz vor Gott. Der Glaube besteht in einer Veränderung des Existenzverständnisses. Deshalb ist er nur als

6. Barth – Bultmann, Briefwechsel, S. 319 f.

ein neues Verstehen sinnvoll, weil er in eben diesem Verstehen besteht. Ohne daß es zum Verstehen kommt, hat sich das Heilsgeschehen gar nicht zu Ende vollziehen können.

Weil die Offenbarung auf das Verhältnis Gottes zum Menschen und des Menschen zu Gott bezogen ist, kann von Gott nicht geredet werden, ohne daß man auch vom Menschen redet. Von Gott an sich zu reden wäre falsche Metaphysik. Der Inhalt der Offenbarung ist auch nicht solche Enthüllung über Gottes metaphysisches Wesen an sich.

Bultmann scheint sich in diesem Punkt zu widersprechen. Er hatte der liberalen Theologie vorgeworfen, sie rede vom Menschen statt von Gott, er selbst aber behauptet, um von Gott zu reden, müsse man auch vom Menschen reden. Barth hat denn auch Bultmann vorgeworfen, er treibe Anthropologie statt Theologie, also er tue genau dasselbe, was er der liberalen Theologie vorgehalten habe. In der Tat ist es nicht ganz leicht, Bultmann in dieser schwierigen Frage gerecht zu werden.

Einmal ist die innere Entwicklung Bultmanns zu berücksichtigen. In der Frühzeit der dialektischen Theologie war ihm die dialektische Distanzierung von dem liberalen, seiner Meinung nach auf den Menschen bezogenen Denken wichtig, später aber hat er vermehrt eingesehen, daß eine Theologie ohne Blick auf den Menschen zu einer sinnlosen Orthodoxie wird. Dann aber ist zu bedenken, daß Bultmann bei seiner Polemik den autonomen Menschen meint, der sich selbst in den Mittelpunkt rückt, bei seinem positiven Hinweis auf den Menschen aber an den gottzugehörigen Menschen denkt. Aber wie auch immer: Vom Menschen und seinem Verstehen kann in keinem Falle abgesehen werden.

Deshalb bekommt das menschliche Denken auch angesichts der Offenbarung ungewöhnliches Gewicht. Die Heilsbotschaft selbst ist ihm zwar unerschwinglich. Aber ohne es kommt diese Botschaft verzerrt an. In gewisser Weise könnte man es so ausdrükken, daß die Philosophie wieder zur Dienerin zwar nicht der Theologie, aber der Offenbarung werde. Bultmann kann sich freilich der Einsicht nicht entziehen, daß ein Denken, das nichts von der Offenbarung weiß, die Dinge schwerlich genau in der Perspektive sehen wird, wie es der Glaube tun wird. Auch Angst, Tod, Verzweiflung und Sünde haben einen anderen Aspekt, wenn sie ohne Gnade bedacht werden, als wenn sie im Licht dieser Gnade stehen. Dennoch weiß der Mensch nicht einfach nichts oder nur Verkehrtes über Angst und Tod, Schuld und Verzweiflung, sondern etwas Richtiges. Die menschliche Erkenntnis bringt deshalb zwar kein abgeschlossenes Verständnis, aber doch eben ein Vorverständnis, das durch die Offenbarung zwar modifiziert, aber nicht vernichtet wird. Denn mit seinem Erkenntnisvermögen im weltlich-menschlichen Raum hat der Mensch offenbar doch die Fähigkeiten, echte Einsichten zu erwerben.

Dieses Vorverständnis ist unumgänglich. Jedermann bringt es mit, auch der, der wie Karl Barth das Vorverständnis ablehnt. So entgegnet Bultmann der Kritik Barths, daß dieser ja auch seine Philosophie mitbringe, es sich nur nicht bewußt mache. Ohne Vorverständnis ist kein wirkliches Verstehen möglich. Das anthropologische Vorverständnis Bultmanns ist nun im wesentlichen dasjenige des frühen Heidegger.

Das Vorverständnis bezieht sich natürlich nicht auf Fakten, die nicht verstanden, sondern nur festgestellt werden müssen, sondern auf den Sinn des menschlichen Seins, um den es ja in der Frage nach dem Glauben geht. Deshalb ist das Vorverständnis gerade auch für das Wahrnehmen der Offenbarung, für das Verständnis biblischer Texte von grundlegender Bedeutung. Denn wenn wir einen Text nach dem befragen, was in ihm für unser Menschsein zum Ausdruck kommt, dann ist diese Frage

»immer von einem vorläufigen Verständnis menschlichen Seins, von einem bestimmten Existenzverständnis, geleitet, das sehr naiv sein kann, aus dem aber überhaupt erst die Kategorien erwachsen, die eine Befragung möglich machen, – zum Beispiel die Frage nach dem ›Heil‹, nach dem ›Sinn‹ des persönlichen Lebens oder nach dem ›Sinn‹ der Geschichte, nach den ethischen Normen des Handelns, der Ordnung der menschlichen Gemeinschaft und dergleichen. Ohne solches Vorverständnis und die durch es geleiteten Fragen sind die Texte stumm. Es gilt nicht, das Vorverständnis zu eliminieren, sondern es ins Bewußtsein zu erheben, es im Verstehen des Textes kritisch zu prüfen, es aufs Spiel zu setzen, kurz es gilt: in der Befragung des Textes sich selbst durch den Text befragen zu lassen, seinen Anspruch zu hören.«[7]

3. Das christliche Existenzverständnis und das mythologische Weltbild der Bibel

Bisher blieb alles, auch die Rede vom Vorverständnis, in der Hauptsache im Formalen. Mit der Diskussion über die Mythologie betreten wir jedoch das Feld, auf dem Bultmann am heißesten umkämpft war.

Seine besondere Bedeutung für das Glaubensverstehen besteht in der Art und Weise, wie er den Glauben als neues Existenzverständnis beschrieben hat, das von der Übernahme eines bestimmten Weltbildes unabhängig ist. Damit löst er den christlichen Glauben radikal von dem biblischen Weltbild, das dem heutigen Menschen unannehmbar ist. Bultmann hat das biblische Weltbild mit Betonung als ein »mythologisches« bezeichnet und damit die Frage nach dem Verhältnis des Glaubens zu dem mythologischen Weltbild der Bibel formuliert.

Mit der Bezeichnung der Bibel als »mythisch« hat er die konservative Christlichkeit herausgefordert und an einer besonders empfindlichen Stelle getroffen. Die Auseinandersetzungen um Bultmann in der Kirche kreisten vornehmlich um diese Probleme. In diesen Zusammenhang gehören die wichtigen Thesen Bultmanns von der *»existentialen Interpretation«* und der *»Entmythologisierung«*.

Was ist darunter zu verstehen?

Bultmanns Grundgedanke ist nur von einem Glaubensbegriff her zu verstehen, nach dem der Glaube eine bestimmte Weise ist, sich selbst in seiner Situation, also existential, zu verstehen. Der Glaubende und der Unglaubende unterscheiden sich nicht darin,

7. Glauben und Verstehen II, 4. Aufl., Tübingen 1965, S. 228.

daß der eine ein System von Sätzen über Gott, die Welt und die Geschichte als geoffenbart und darum wahr annimmt, der andere aber nicht. Vielmehr liegt das Entscheidende darin, daß der Mensch im Unglauben sich als Eigenmächtigen und Selbstherrlichen versteht und die Welt und ihre Geschichte und damit seine Zukunft in einen fest geschlossenen innerweltlichen Zusammenhang einordnet. Der Glaubende dagegen versteht sich als von Gottes Gnade her geschenkt; auch seine Zukunft nimmt er aus Gottes Hand. Die Zukunft ist jederzeit offen, dem Eingriff Gottes ausgesetzt. Der Mensch ist nicht fixiert, sondern in jedem Augenblick zur Entscheidung gerufen. Indem er aber seine Zukunft aus Gottes Hand hinnimmt, ist er nicht mehr der alles überschattenden Sorge ausgeliefert. Das Gottesverhältnis ist nicht eine festgelegte Heilsgeschichte, sondern ein je und je aktuell sich ereignendes Heilsgeschehen. Diese Offenheit von der Gnade her bezeichnet Bultmann im Gegensatz zu einer innerweltlichen Geschlossenheit des Schicksals als eschatologische Existenz.

Wenn nach dem Glauben gefragt wird, ist also eine Textaussage nach dem in ihr sich aussprechenden Existenzverständnis zu befragen, nicht nach den Vorstellungen, in denen sich ein solches Verständnis ausspricht. Eine Auslegung nach dieser Fragestellung hin nennt Bultmann eine *existentiale* Auslegung, das heißt eine auf die Existenz bezogene. Sie ist zu unterscheiden von einer existentiellen Auslegung; darauf legt Bultmann besonderes Gewicht. Existentielle Auslegung ist praktische Auslegung im Vollzug einer Verhaltensweise der Existenz. Existentielle Auslegung etwa der Weisung, seine Feinde zu lieben, ist die praktizierte Feindesliebe selbst. Existentiale Auslegung dagegen bleibt im Rahmen der Bewußtseinsbildung, sie ist ein intellektueller, ja rationaler Akt, bezieht sich aber inhaltlich auf das Selbstverständnis der Existenz.

Diese Feststellungen wären nicht von so außergewöhnlicher Wirksamkeit in der breiteren Öffentlichkeit geworden, wenn sie sich nicht mit dem anderen Problem verschmolzen hätten, das dem christlichen Glauben spätestens seit der Aufklärung zu schaffen macht, dem des biblischen Weltbildes. Von seinem Glaubensverständnis her bekommt nämlich Bultmann die Möglichkeit, die Glaubensschwierigkeiten mit dem uns fremden Weltbild der Bibel radikal, grundsätzlich und mit einem Schlag zu lösen und auf alle falsche Apologetik zu verzichten, die in der Kirche oft so verquält anmutet. Solche grundsätzlichen und deshalb unbekümmert radikalen Lösungen entsprechen ganz Bultmanns Denkungsart.

Seit der Aufklärung bemühen sich die Glaubenden, zwischen den biblischen Aussagen und dem modernen Weltbild zu vermitteln. Die krassesten Vorstellungen gab man preis, um möglichst viel vom biblischen Weltbild noch retten zu können. Es war ein jahrhundertelanges, mühsames, oft peinliches Rückzugsgefecht. Ähnlich wie Bonhoeffer am Problem der mündigen Welt diese Halbheit durchschaut, den Knoten durchhauen und die Mündigkeit der Welt ganz bejaht hat, verzichtet auch Bultmann auf Kompromisse. Er stellt fest, daß die ganze Bibel auf der Basis des mythischen Weltbildes denkt, daß man also nicht einzelne Reduktionen machen kann, um einen relativ unmythologischen Kern in der Bibel zu bekommen, den wir unverändert übernehmen könnten. Das ganze Heilsgeschehen wird mythisch vorgestellt; als Ganzes kommt es direkt für uns nicht mehr in Betracht und muß preisgegeben werden. »Man kann das mythische Weltbild nur als Ganzes annehmen oder verwerfen.«[8] Die Frage ist dann eben, ob bei Nichtannahme der christliche Glaube als solcher erledigt ist oder ob er nicht vielmehr seinem Wesen nach etwas Andersartiges ist als eine Vorstellungswelt.

Das Entweder–Oder ist rückhaltlos ausgesprochen:

»*Das Weltbild des Neuen Testaments ist ein mythisches ... Dem mythischen Weltbild entspricht die Darstellung des Heilsgeschehens,* das den eigentlichen Inhalt der neutestamentlichen Verkündigung ausmacht. In mythologischer Sprache redet die Verkündigung ...

8. Neues Testament und Mythologie, in: Kerygma und Mythos I, Hamburg 1948, S. 22.

Kann die christliche Verkündigung dem Menschen heute zumuten, *das mythische Weltbild als wahr anzuerkennen*? Das ist sinnlos und unmöglich. *Sinnlos*; denn das mythische Weltbild ist als solches gar nichts spezifisch Christliches, sondern es ist einfach das Weltbild einer vergangenen Zeit, das noch nicht durch wissenschaftliches Denken geformt ist. *Unmöglich*; denn ein Weltbild kann man sich nicht durch einen Entschluß aneignen, sondern es ist dem Menschen mit seiner geschichtlichen Situation je schon gegeben.«[9]

Aus diesen Tatsachen hat der christliche Glaube die Konsequenzen ohne »wenn« und »aber« zu ziehen. Bultmann tut es in lapidaren Sätzen. Es ist

»unmöglich, das *mythische* Weltbild zu repristinieren, nachdem unser Denken unwiderruflich durch die Wissenschaft geformt worden ist. Ein blindes Akzeptieren der neutestamentlichen Mythologie wäre Willkür ... Die Erfüllung der Forderung wäre ein abgezwungenes sacrificium intellectus, und wer es brächte, wäre eigentümlich gespalten und unwahrhaftig. Denn er würde für seinen Glauben, seine Religion, ein Weltbild bejahen, das er sonst in seinem Leben verneint. Mit dem modernen Denken, wie es uns durch unsere Geschichte überkommen ist, ist *die Kritik am neutestamentlichen Weltbild gegeben.*«[10]

Es ergibt sich »die Aufgabe der Theologie, die christliche Verkündigung zu entmythologisieren«[11]. Ja, noch mehr, es »gibt ... gar keinen anderen Weg, als sie zu entmythologisieren«[12], wenn sie ihre Gültigkeit behalten will.

Damit ist im Rahmen der Frage nach Glauben und Denken das Problem von Glaube und Mythus aktuell geworden. Bultmann versteht dabei unter Mythus etwas Präzises. Das Wort »Mythus« wird häufig sehr vage gebraucht; man redet von Wissenschaftsmythus, wenn man einen übersteigerten Glauben an die Macht der Wissenschaft meint, oder vom Mythus des 20. Jahrhunderts, wenn man nur eine Ideologie meint. Das Wort Mythus wird für nichtreligiöse Dimensionen verwendet. Im Gespräch zwischen

9. A. a. O., S. 16 ff.
10. A. a. O., S. 17.
11. A. a. O., S. 16.
12. A. a. O., S. 22.

Glauben und Mythus dagegen ist »Mythus« exakt religionswissenschaftlich zu verstehen, als eine spezifische Weise des religiösen Vorstellens. Mythisches Denken bedeutet die Veranschaulichung des Jenseitigen, Überweltlichen in weltlichen Formen. Bultmann definiert: »Mythologisch ist die Vorstellungsweise, in der das Unweltliche, Göttliche als Weltliches, Menschliches, das Jenseitige als Diesseitiges erscheint, in der z. B. Gottes Jenseitigkeit als räumliche Ferne gedacht wird.«[13]
Wäre der Mythus nur eine solche Vorstellungsweise, wäre christlicher Glaube nur Vermittlung solcher Vorstellungswelten, dann wäre der Glaube in der Tat am Ende. Die Religionskritik im Sinne des naturwissenschaftlichen Atheismus, wonach Religion einfach die vorwissenschaftliche Vorstellungsweise darstellt, wäre im Recht. Im Mythus kommt jedoch auch noch anderes zur Sprache, und zwar gerade das, was für den Glauben von Bedeutung ist. Mythus ist auch eine Sprache der Existenz:

»Der eigentliche Sinn des Mythos ist nicht der, ein objektives Weltbild zu geben; vielmehr spricht sich in ihm aus, wie sich der Mensch selbst in seiner Welt versteht; der Mythos will nicht kosmologisch, sondern anthropologisch – besser: existential interpretiert werden.«[14]

Genau das ist der Einstiegspunkt, von dem aus Bultmann das dornenvolle Problem des mythologischen Weltbildes der Bibel zu lösen hofft.Die mythologische Vorstellung als solche ist vergangen und nicht wieder als Wahrheit zu restaurieren. Statt nun aber zu versuchen, durch Auswahl oder Abstriche einen Rest zu retten, muß man vielmehr den ganzen Mythus statt auf seinen objektivierenden Vorstellungsgehalt danach befragen, was für ein Existenzverständnis sich in ihm zum Ausdruck bringt. Dieses Existenzverständnis ist hieraus innerhalb unserer heutigen Vorstellungswelt mit deren Mittel zu formulieren. So kommt das, was der Mythus zu sagen hat, neu zur Sprache, aber nun auch im anderen Weltbild gültig.

13. A. a. O., S. 23. 14. Ebd.

Es ist freilich gegen Bultmann zu fragen, ob es grundsätzlich möglich ist, das glaubende Existenzverständnis direkt in rationalen oder existentialen Begriffen auszusprechen. Karl Jaspers und Paul Tillich haben eingewendet, daß von der Transzendenz in Wirklichkeit nur in Chiffren oder Symbolen geredet werden könne. Jede direkte Aussage, auch die existentiale Interpretation, bleibe im Diesseitigen. So sei es nur wichtig, dem Mythus die Gegenständlichkeit zu nehmen, die ihn zur absurden und abergläubischen Aussage mache. Die rationale Interpretation aber reiche nicht genug in die Tiefe.

Diese grundsätzliche Kritik am Entmythologisierungsprogramm Bultmanns ist im Auge zu behalten, wenn das Ausreichen der existentialen Interpretation bedacht wird. Unwiderlegbar aber am Entmythologisierungsprogramm ist die Klarheit der Kritik am Anspruch des Mythus, direkte und wörtlich zu verstehende Wahrheit zu vermitteln. In diesem Punkte stimmen Jaspers und Tillich vorbehaltlos mit Bultmann überein. Es ist aber nicht zu übersehen, daß das Vorgehen Bultmanns unzweideutiger ist und einem unredlichen Denken die heimlichen Pfade zurück in die unkritische Annahme der mythischen Vorstellungswelt radikaler versperrt als die symbolische Deutung des Mythus.

Es kann hier nicht darum gehen, das Gespräch um den richtigen Vollzug der Kritik am Mythus unter Bewahrung seines Gehaltes umfassend zu kommentieren. Wir haben vielmehr an dieser Stelle die Perspektive Bultmanns zur Geltung zu bringen.

Am besten wird die konkrete Durchführung der »existentialen Interpretation« des Mythus an einem einzelnen Beispiel aufgezeigt. Wir wählen dazu die neutestamentliche Eschatologie.

Bultmann teilt die seit Albert Schweitzer nicht mehr ernsthaft bestreitbare Erkenntnis, daß das Neue Testament »eschatologisch« zu verstehen ist, das heißt auf die »letzten Dinge«, das Reich Gottes bezogen.

Eschatologie vollzieht sich aber in der neutestamentlichen Erwartung und Verkündigung in mythologischer Form. Das »Letzte«, das die Geschichte begrenzt, ist zeitlich vorgestellt, als eine

Schlußgeschichte, als ein kosmisches Drama des Weltuntergangs. In ihm treten die himmlischen und dämonischen Mächte leibhaftig und anschaulich zum letzten Kampf an. In der großen kosmischen Endkatastrophe erscheint der Richter der Endzeit, die Toten stehen leiblich auf, sie werden zum Heil erwählt oder zur Verdammnis verurteilt.

Diese eschatologische Vorstellungswelt ist, insbesondere in ihrer apokalyptischen Zuspitzung, zweifellos hochmythologisch. Es ist unrealistisch, für die Zukunft diese Ereignisse zu erwarten.

»Die *mythische Eschatologie* ist im Grunde durch die einfache Tatsache erledigt, daß Christi Parusie nicht, wie das Neue Testament erwartet, alsbald stattgefunden hat, sondern daß die Weltgeschichte weiterlief und – wie jeder Zurechnungsfähige überzeugt ist – weiterlaufen wird. Wer überzeugt ist, daß die uns bekannte Welt in der Zeit endigen wird, der stellt sich ihr Ende doch als Ergebnis der natürlichen Entwicklung vor, als ein Ende in Naturkatastrophen, und nicht als das mythische Geschehen, von dem das Neue Testament redet.«[15]

Die Eschatologie ist aber deshalb nun nicht sinnlos oder abgetan, sondern jetzt kommt erst die entscheidende Frage, was denn nämlich *eschatologische Existenz* sei, die, sei es in einem mythologischen, sei es in einem wissenschaftlichen Weltbild lebt.

Existential bedeutet die Eschatologie das Herausgehobenwerden aus dem Verfallensein an die uns bestimmenden Mächte der Welt und der Vergangenheit. Der Einbruch der Gnade ist insofern ein eschatologisches Ereignis, als er den Verhängniszusammenhang der Geschichte sprengt und den Menschen von seiner Vergangenheit frei macht. Das Unverfügbare, Gott, begegnet in Christus dem Menschen als Liebe und bringt ihm eine Zukunft, die nicht Tod, sondern Leben ist. So gibt der Mensch im Glauben die weltliche Sicherheit preis, klammert sich nicht an das Vergangene oder das zu Berechnende, sondern vertraut sich mit seiner Zukunft Gott an. Es ist »der Verzicht, auf sich selbst zu vertrauen, und der Entschluß, nur auf Gott zu vertrauen, der die Toten

15. A. a. O., S. 18 f.

erweckt (2. Kor. 1,9), der das Nichtseiende ins Sein ruft (Rm. 4,17), die radikale Hingabe an Gott, die alles von Gott, nichts von sich erwartet, die damit gegebene *Gelöstheit von allem weltlich Verfügbaren,* also die Haltung der Entweltlichung, der *Freiheit.*«[16]

Das heißt »*eschatologisch existieren,* ein ›neues Geschöpf‹ sein«[17]. Die kosmische Erwartung ist in eine neue Existenzmöglichkeit transponiert, die schon jetzt Realität sein kann. Bultmann weist darauf hin, daß schon im Neuen Testament, im Übergang von der Jesusdarstellung der drei ersten Evangelien zur Theologie des Johannes, die Eschatologie in ähnlicher Weise umgesetzt wird. Wenn sich auch kosmisch, im Sinne der mythischen Eschatologie, in der Welt nichts geändert hat, so ist doch für den Glaubenden existentiell alles anders: »Sein Weltverhältnis ist ein anderes: die Welt kann ihm nichts mehr anhaben; der Glaube ist der Sieg über die Welt (1. Joh. 5,4).«[18]

In ähnlicher Weise ist auch zur Auferstehung Jesu, die eine mythologische Vorstellung ist, Stellung zu nehmen. Nur im Rahmen des mythischen Weltbildes ist Jesus am dritten Tage leibhaftig aus dem Grabe gestiegen. Die Auferstehung ist kein historisches, sondern ein mythisches Ereignis. Wir wissen historisch nur vom Osterglauben der Jünger, die im mythischen Weltbild lebten und ihre Erfahrungen entsprechend interpretierten. Existential bedeutet die Rede von der Auferstehung Jesu nichts anderes als die Glaubenserkenntnis, daß das Kreuz nicht die Katastrophe eines Edlen war, sondern daß Gott in ihm zum Heil der Menschen gehandelt hat. Die Auferstehung ist *»nicht ein beglaubigendes Mirakel«*[19], sondern Ausdruck der Heilsbedeutung des Kreuzes. Auferstehung bedeutet, daß das Kreuz als Heilsgeschehen verkündigt wird; so könnte man auch sagen, daß Christus »ins Wort« auferstanden sei, in das Kerygma.

Durch solche Interpretation werden die weltbildlichen Einwände

16. A. a. O., S. 30 f.
17. A. a. O., S. 31.
18. A. a. O., S. 31 f.
19. A. a. O., S. 48.

gegen den Glauben radikal entmachtet, indem ihnen konsequent recht gegeben wird, was die Kritik am Weltbild betrifft, aber ebenso grundsätzlich die Relevanz bestritten, was den Glauben, das Existenzverständnis anlangt. Der Glaube besteht ja gar nicht in dem Fürwahrhalten des mythologischen Weltbildes und der in ihm erzählten mythologischen Ereignisse wie Jungfrauengeburt, Auferstehung, Himmelfahrt, Wiederkunft Christi und Jüngstes Gericht.

Damit ist also fundamental das Ärgernis, das der moderne Mensch als moderner am Glauben nehmen kann, beseitigt, das heißt, das *weltbildliche Ärgernis* ist eliminiert. Besser noch: es ist als das falsche Ärgernis erkannt, das uns die Sicht nicht nur auf den wahren Glauben, sondern auch auf das echte Ärgernis des Glaubens verstellt. Denn mit der existentialen Interpretation ist nicht einfach ein selbstverständlicher Zugang zum Glauben geschaffen, der nun jedermann einleuchtete, sondern es ist nur der Blick auf die wirklichen Glaubensprobleme freigegeben.

Der entmythologisierte Glaube ist nach Bultmann für den modernen Menschen nicht weniger ein Ärgernis, ein »skandalon«, als der mythologische, nur liegt das Ärgernis auf einer anderen Ebene. Es ist nicht das Ärgernis, das der moderne Mensch als moderner am Glauben nehmen kann, sondern das, das er als Mensch daran nimmt; damit ist er dem Glauben gegenüber in derselben Lage wie der Mensch in der mythischen Welt, der auch am Glauben Ärgernis nahm.

Das heißt: der wahre Kampf zwischen Glauben und Unglauben spielt sich auf der Ebene der verschiedenen aufeinanderprallenden Existenzverständnisse ab, und auf dieser Ebene steht das christliche Existenzverständnis durchaus gegen das naturgemäße menschliche Existenzverständnis. Entmythologisierung der Bibel bedeutet demnach nicht die Rückführung der biblischen Botschaft auf eine natürliche Religion oder Theologie. Das wäre ein fatales Mißverständnis des Anliegens von Bultmann, der in diesem Punkte viel zu tief von der Offenbarungstheologie Karl Barths bestimmt ist.

Der entmythologisierende Weg der Aufklärung, die den Mythus der Bibel interpretierend auf eine moralische und natürliche Vernunftreligion hin auslegte, ist nach Bultmann gerade der falsche Vollzug der Entmythologisierung. In ihm wird das Kerygma, auf das es ankommt, mit eliminiert und ebenso das echte Ärgernis des Glaubens.

Dieses Ärgernis muß herausgearbeitet werden. Es führt in die Tiefe. An dieser Stelle entscheidet sich im Grunde die Auseinandersetzung zwischen Glaube und Unglaube, zwischen eigentlicher und uneigentlicher, verfallener Existenz.

Nach neutestamentlicher – insbesondere paulinischer – Anschauung befindet sich der Mensch natürlicherweise in einer verlorenen Situation. Diese Welt ist eine verfallene und verfallende Welt; so ist der Mensch der Sünde und dem Tode unterworfen, denen er durch keine eigene Anstrengung, etwa durch Erfüllung des Mosaischen Gesetzes, zu entgehen vermag. Er kann nur befreit werden, wenn von außen her ein Einbruch in diese Welt erfolgt, der eschatologisches, also die Geschichte und die Welt sprengendes Ausmaß besitzt. Diesem Selbstverständnis liegt das apokalyptische Weltschema zugrunde. Wenn es auch als ein mythologisches erkannt ist, so übernimmt Bultmann doch grundsätzlich dieses Selbstverständnis auf der existentialen Ebene. Er interpretiert es mit den Heideggerschen Begriffen der Uneigentlichkeit und der Eigentlichkeit. Die Uneigentlichkeit wird zur Sünde, die Eigentlichkeit ist das Sein im Glauben. Je gegeben ist zunächst die Uneigentlichkeit als natürlicher Zustand. Es gibt für Bultmann nicht die harmonische Entwicklung des Selbstverständnisses durch eine heile Vernunft in eine allgemeine Religionsphilosophie hinein, wie es sich die Aufklärung vorstellte. Der natürliche Mensch ist vielmehr dem verkehrten Selbstverständnis verfallen und nimmt an der Offenbarung Anstoß.

Dieses verfehlte Selbstverständnis des natürlichen Menschen charakterisiert Bultmann im besonderen als die falsche Selbstherrlichkeit des Menschen. In der Darstellung der Theologie des Paulus analysiert er die Weise, wie Paulus das Selbstverständnis des sündigen Menschen vor der Erfahrung der Gnade darstellt, und er scheint sich weitgehend damit zu identifizieren, denn es handelt sich an dieser Stelle genau um den existentiellen Kernpunkt der neutestamentlichen Botschaft.

Die Selbstherrlichkeit des Menschen erscheint als die sündig-eigenmächtige Haltung des Sich-Rühmens[20]. Sie ist dem Juden, der sich Gottes und des Gesetzes samt der Gesetzesgerechtigkeit rühmt, ebenso eigen wie dem Griechen, der sich seiner Weisheit rühmt[21]. Zu diesem Eigenruhm gehört, daß man »auf das Fleisch sein Vertrauen setzen« (Phil. 3,3) kann. Es ist die »vermeintliche Sicherheit, die der Mensch aus dem Weltlich-Erscheinenden, Verfügbaren, Besorgbaren gewinnt«[22].

Andererseits gehören ebenso wesenhaft zu diesem natürlichen Selbstverständnis des Menschen die Begierde und die Sorge. Dieses menschlich natürliche Sorgen »greift, soweit es nicht die sorgende Angst vor der Zukunft meint, als Vorsorge (der freilich jene Angst immer zugrunde liegt) eigenmächtig in die Zukunft vor und hat den Sinn, sich für die Zukunft zu sichern«[23].

Die Kehrseite dieser Haltung aber ist die Angst des Menschen, der um sich selbst besorgt ist – zuhöchst um seine Rolle, die er vor Gott zu spielen hat –, und das Verfallensein an alle die Mächte der Welt, das als Knechtschaft empfunden wird. Es wird deutlich, daß »der scheinbar sich selbst gehörende, über sich verfügende Mensch ein Sklave ist«[24]. Und die letzte Folge ist: »Der zum Selbst berufene Mensch will von sich selbst aus sein und verliert so sein Selbst, sein Leben und rennt in den Tod. Das ist die Herrschaft der Sünde, daß alles Tun des Menschen gegen seine eigentliche Intention gerichtet ist.«[25]

So versteht auch Bultmann selbst die menschliche Situation außerhalb der Offenbarung der Gnade. Soweit der Mensch diese

20. Theologie des Neuen Testaments, 6. Aufl., Tübingen 1968, S. 242.
21. Ebd.
22. A. a. O., S. 243.
23. A. a. O., S. 242.
24. A. a. O., S. 244.
25. A. a. O., S. 246.

Verfallenheit erkennt und an ihr leidet, hat er das Vorverständnis erreicht, um die Botschaft des Evangeliums vernehmen zu können. Insofern eben ist das »Gesetz« ein Zuchtmeister auf Christus hin, wie es Paulus im Galaterbrief beschreibt.

Bultmann macht hier, auch in der Interpretation des Paulus, von den Begriffen der Heideggerschen Existenzanalyse Gebrauch. Aber es wird klar, wie wenig er den heroischen Weg Heideggers zur Selbsterlösung übernimmt. Da, wo der Philosoph nicht mehr nur die menschliche Situation analysierend beschreibt, sondern einen eigenen Heilsweg verkündigt, versagt ihm der Theologe die Gefolgschaft. Die Überzeugung, daß der Mensch von sich aus nicht zur Wahrheit der Gnade, also zum Glauben, kommen kann, läßt den Weg menschlicher Religionsphilosophie an dieser Stelle enden. Deshalb ist das christliche Selbstverständnis, das im Kerygma zu uns kommt, nicht die Entfaltung der Vernunft, sondern auch ohne das falsche Skandalon des Weltbildes ein paradoxes Ärgernis.

Das ist nicht nur so, weil die Verkündigung mit autoritativem, nicht ausweisbarem Anspruch von außen kommt, sondern auch weil sie gerade das Gegenteil von dem zu tun heißt, was der Mensch natürlicherweise macht. Die Verkündigung fordert das Loslassen, wo der Mensch sich anklammernd festhält.

Der Glaube, als Annahme von Gottes Gnade, besteht zunächst gerade in dem Loslassen des Ich und im Sich-Preisgeben an Gott.

Diese Übergabe bedeutet den Verzicht auf die Eigenmächtigkeit und das Sich-Rühmen. Das gilt insbesondere für das Verhältnis des Menschen zu seiner Zukunft. Ist der natürliche Mensch im Hinblick auf seine (und der Welt) Zukunft von der Sorge bestimmt, die zugleich Angst und vorsorgenden, selbstherrlichen Zugriff bedeutet, so ist umgekehrt das Zukunftsverständnis des Glaubens das der *Hoffnung*. Es ist eine Hoffnung auf Gott, nicht auf die Kunst der eigenen Zukunftsbewältigung:

Diese Hoffnung »ist das Frei- und Offensein für die Zukunft, da der Glaubende die Sorge um sich selbst und damit um seine Zukunft im Gehorsam Gott anheimgestellt hat. Die Sünde des Unglaubens ist ja gerade die, daß er von sich aus leben will und seine Zukunft im Wahn des Verfügenkönnens selbst in Sorge nimmt.«[26]

Was Bultmann hier als paulinisch interpretiert, ist wohl ohne weiteres auch für seine eigene Glaubensauffassung charakteristisch. Wir haben schon darauf hingewiesen, daß für Bultmann eine solche Glaubenshaltung ein Ausdruck eschatologischer, der alten Welt entnommener und überlegener Existenz ist.

Für Bultmanns Verständnis der christlichen Glaubensexistenz ist aber noch von besonderer Bedeutung, daß nicht nur an die Stelle der Sorge die Hoffnung tritt, sondern auch an die Stelle des Verfallenseins in die Knechtschaft der Welt die Freiheit. Daß der Glaube die Existenz in Wahrheit befreit, ist sein höchster Ehrentitel. Das neue Selbstverständnis, das mit dem Glauben geschenkt wird, ist die Freiheit, in der der Glaubende das Leben und damit sich selbst gewinnt – gerade nicht durch Anklammern, sondern durch Loslassen[27]. Es ist zuhöchst die Freiheit von der Welt und ihren Mächten. Immer wieder verweist Bultmann auf die großartigen Worte des Paulus über sein Freisein von der Welt, und ohne Zweifel sieht Bultmann in ihnen den adäquaten Ausdruck dessen, was ihn selbst als christliches Existenzverständnis jenseits aller mythischen Vorstellungen zutiefst bewegt. In der Form einer Auslegung des Paulus enthüllt er sein Eigenstes, und wir spüren die innere Bewegtheit mitten in der sonst so kühlen wissenschaftlichen Analyse bei den Worten am Schluß seiner Paulusdarstellung:

»Der Glaubende ist von der Angst des auf sich selbst vertrauenden, über die Welt verfügenden und ihr verfallenden Menschen ... befreit. Er kennt nur die eine Sorge, wie er dem Herrn gefalle (1. Kr. 7,32), nur das eine Streben, dem Herrn wohlgefällig zu sein (2. Kr. 5.9). Frei von der Sorge der Welt, die an das Vergehende bindet, frei von der Traurigkeit des Kosmos, die den Tod erwirkt (2. Kr. 7,10), steht er der Welt frei gegenüber als einer, der sich mit den Fröhlichen freut und mit den

26. A. a. O., S. 320.
27. A. a. O., S. 332.

Weinenden weint (Rm. 12,15), der am Handel und Wandel der Welt teilnimmt, aber in der Distanz des ›als ob nicht‹:

damit die, die da Frauen haben, seien, als hätten sie sie nicht,
und die da weinen, als weinten sie nicht,
und die sich freuen, als freuten sie sich nicht,
und die kaufen, als behielten sie nicht,
und die den Kosmos benutzen, als nutzten sie ihn nicht aus.‹
(1. Kr. 7, 29–31).«[28]

In solcher Gestalt stellt sich für Bultmann das christliche Existenzverständnis, das den Glauben ausmacht, dar. Es ist der neue, aus der Verfallenheit des Uneigentlichen herausgerufene Mensch, der, indem er sich Gott preisgibt, als eschatologische Existenz sich selbst und sein eigentliches Leben in der Freiheit und der Liebe findet.

4. Der Unterschied zwischen christlichem und religionsphilosophischem Existenzverständnis

Die Darstellung des Glaubens als Existenzverständnis und nicht als eine Summe von geoffenbarten Wahrheiten über Gott, Himmel und Hölle könnte so verstanden werden, daß sich der Glaube unabhängig von seiner Herkunft aus der christlichen Tradition darstellen und leben ließe. Das würde eine philosophische Interpretation des Glaubens bedeuten. Bultmann wäre dann in der Nähe von Jaspers zu sehen, vielleicht auch, mutatis mutandis, bei der Art und Weise, wie Albert Schweitzer die »Ehrfurcht vor dem Leben« zwischen der Verkündigung Jesu und der Vernunfteinsicht vermittelt.
Glaube als Existenzverständnis ist an sich von seiner Quelle losgelöst beschreibbar.

28. A. a. O., S. 352f. Bei den Zitaten aus der Theologie des Neuen Testaments sind die bei Bultmann griechisch wiedergegebenen Stellen und Begriffe aus dem Neuen Testament von mir ins Deutsche übertragen.

Bultmann ist gelegentlich so verstanden worden. Es ist ein naheliegender Gedanke und zunächst kaum einzusehen, warum es nicht so sein sollte.

Es wäre indessen ein völliges Mißverständnis dessen, was Bultmann anstrebt. Gerade so will er sich nicht verstanden wissen. Er behält von seiner dialektischen Offenbarungstheologie her den radikalen Gegensatz gegen ein solches religionsphilosophisches Verständnis von Glaube bei. Es ist ihm nur schwerer als Karl Barth, das nun auch zu begründen und durchzuführen, weil ihm ja der Glaube wirklich Existenzverständnis bleibt und niemals auf objektive, geoffenbarte Dogmen über Gott und Christus geht, also keine Orthodoxie ermöglicht.

So müssen wir zu verstehen suchen, wie er beides zusammendenkt: daß der Glaube ein neues Existenzverständnis ist, und daß er gleichzeitig die Annahme des Heilsgeschehens in Christus ist. Es hängt damit zusammen, daß für Bultmann das Heil – etwa ausgedrückt in der vergebenden Gnade Gottes – nicht eine allgemeine Wahrheit ist, die man haben kann, sondern ein Geschehen, das nur dann wirklich ist, wenn es sich jeweils an mir persönlich ereignet. Gnade als allgemeine Wahrheit, dementsprechend Glaube als allgemeine Überzeugung gibt es nicht, oder besser: Eine solche Vorstellung geht an der Wahrheit vorbei und ist so etwas wie eine Gotteslästerung, also jedenfalls gerade nicht Glaube. Bultmann kann sogar sagen: »Das Rechnen mit der Idee der Gnade Gottes ist Sünde.«[29]

Gnade ist nur wirklich als etwas sich Ereignendes und damit Glaube als sich ereignender. Diese Gnade nun ereignet sich für Bultmann einzig dadurch, daß sie mir *zugesprochen* wird. Ich kann sie nicht selbst denken, sie muß zu mir kommen. »Das aber ist der Sinn der christlichen Verkündigung, daß sie je mir die Gnade Gottes zuspricht.«[30]

Der Zuspruch ereignet sich im Wort der Verkündigung. Dieses

29. Glauben und Verstehen III, 3. Aufl., Tübingen 1965, S. 207.
30. Ebd.

Wort – als Gotteswort – informiert mich aber nicht einfach über die allgemeine Idee der Gnade, sondern das Ergehen des Wortes ist das je aktuelle Heilsgeschehen für mich, das Hören des Wortes ist der Vollzug des Glaubens. Das Wort von der Gnade sagt zwar aus, daß Gott in Christus die Heilstat der Gnade vollzieht. Aber ein Heilsbewußtsein kann ich nicht unabhängig von der Verkündigung selbst haben – also nicht philosophisch –; andererseits ist die Heilstat auch nicht unabhängig von der Verkündigung und von meinem Verstehen da – also nicht orthodox. Sondern das Heil in Christus ist so und nur so Heil, als es mich in der Verkündigung aktuell trifft.

Deshalb ist das Kerygma selbst der Vollzug des Heilsgeschehens in Christus, und so sind Vergangenheit und Gegenwart verbunden. Daß Jesu Tod als Heilsereignis *verkündigt* wird, macht das Heilsschaffende daran aus. Deshalb besteht auch die Auferstehung Jesu darin, daß er »ins Wort« oder »ins Kerygma« hinein auferstanden sei, daß also das Kreuz als ein Heilsgeschehen verkündigt wird. Nur dadurch unterscheidet sich Jesu Kreuz von anderen Kreuzen und wird zum Kreuz *Christi*:

»Nicht weil es das Kreuz Christi ist, ist es das Heilsereignis, sondern weil es das Heilsereignis ist, ist es das Kreuz Christi. Abgesehen davon ist es das tragische Ende eines edlen Menschen. Dann sind wir wieder auf die Frage zurückgeworfen: wie ist es dem Kreuze anzusehen, daß es das Kreuz Christi, daß es das eschatologische Ereignis ist? Wie kommen wir dazu, an das Kreuz als das Heilsgeschehen zu glauben?

Hier scheint es mir nur eine Antwort zu geben: weil es als solches verkündigt wird, weil es mit der Auferstehung verkündigt wird. *Christus, der Gekreuzigte und Auferstandene, begegnet uns im Worte der Verkündigung, nirgends anders.*«[31]

Darum ist für Bultmann die Verkündigung das Wichtigste, ja das einzig Auszeichnende der Kirche. Die Verkündigung ist Kerygma selbst; sie berichtet nicht über eine Heilstatsache, sondern sie ist als Anrede das Heilsgeschehen selbst.

31. Neues Testament und Mythologie, S. 50.

Wie für die katholische Kirche der Sakramentsvollzug das Heilsgeschehen selbst ist, so für Bultmann die Wortverkündigung.

»Das Christentum verkündigt ein Ereignis, oder vielmehr: *in der Verkündigung* vollzieht sich das Ereignis, das Jesus Christus heißt, fort, die Offenbarung Gottes in Menschenwort.«[32]

»Die Verkündigung trägt nicht so etwas wie eine christliche Weltanschauung vor oder eine Gottesidee, die Idee von der Gnade Gottes. Das Wissen um die Gnade Gottes befreit keinen Menschen. Mir geltende Gnade kann mir nur zugesprochen werden. Dieser Zuspruch ist das Ereignis, in ihm ist Gott als *mein* Gott gegenwärtig.«[33]

Daß es Gott ist, der in Christus handelt, macht aus, daß das Christentum keine Religion ist, sondern das Verstehbarmachen von *Gottes* Handeln. Dieses Handeln Gottes geschieht in weltlich-menschlicher Form, ist also nicht durch Mirakel ausweisbar. Auch der Prediger hat keinen Ausweis. So entsteht ohne weiteres doch die Frage nach dem Motiv, eine solche Verkündigung anzunehmen. Gerade diese Frage aber ist für Bultmann illegitim. Die menschliche Erkenntnis kann nur Welt wahrnehmen, nicht Gottes Handeln in Christus, bloß den Menschen Jesus. Der Unglaube also sieht nur Mensch und Welt, der Glaube aber nimmt das Kerygma auf, indem sich eben dieser Glaube vollzieht. Die dadurch entstehende Wandlung des Selbstverständnisses allein ist seine Legitimation. Das anredende Wort aber weist sich nicht aus, sondern *fordert* einfach Glauben. Es ist autoritatives Wort. An dieser Stelle ist deutlich die autoritative Art der dialektischen Theologie gegenwärtig. »Verkündigung ist *Anrede*, und zwar autoritative Anrede, die Anrede des Wortes Gottes, das paradoxerweise durch einen Menschen, eben den Prediger, gesprochen wird.«[34]

An diesem Punkte setzt die Kritik des philosophischen Glaubens ein, wie sie etwa Karl Jaspers scharf gegen Bultmann und die ganze dialektische Offenbarungstheologie erhebt. Die schwache

32. Glauben und Verstehen III, S. 207.

33. A. a. O., S. 206.
34. A. a. O., S. 166.

Stelle der autoritativen Voraussetzung wird bei Bultmann nur um so deutlicher, wenn er auf alle falschen Legitimationen und Mirakel verzichtet und einfach postuliert, daß der Mensch die Anrede glaubend anzunehmen habe.

Es gelingt Bultmann auch nicht, einleuchtend zu machen, warum denn eigentlich der beschriebene Wandel des Existenzverständnisses nur vollziehbar ist, wenn ich das Paradox »Das Wort ward Fleisch« und das andere Paradox des Kreuzes, in dem Gott ein eschatologisches Ereignis inmitten des Geschichtlichen vollzieht, annehme. Gerade an diesem wichtigen Punkt lassen sich die beiden für Bultmann konstitutiven Ansätze der dialektischen Offenbarungstheologie und der Existenzphilosophie kaum zusammenzwingen. Die Klammer des »Wortes«, der Sprachlichkeit und der Hermeneutik scheint doch zu schwach zu sein. Es ist mehr als fraglich, ob man zwischen Barth und Heidegger so vermitteln kann. Barth jedenfalls äußerte die größten Bedenken. Er glaubte nicht, daß man den Offenbarungsansatz, der ihm selbst allein wichtig war, auf diese Weise durchhalten könne, und hielt Bultmanns Position für »eine neue Gestalt des alten Neuprotestantismus«[35], was für Barth das vernichtendste Urteil ist. Von der anderen Seite aber wurde befürchtet, der Offenbarungsansatz verunmögliche eine echte Durchführung der existentialen Betrachtungsweise und führe letztlich doch nur zu einer neuen autoritativen orthodoxen Kirchlichkeit mit moderner Fassade.

Wie auch immer: dieser Punkt ist jedenfalls der schwierigste an der ganzen Konzeption von Bultmann, er hat am meisten zu Mißverständnissen Anlaß gegeben und ist vielleicht die Achillesferse seines Gesamtentwurfes. Nicht von ihm ging die unabsehbare Wirkung des Bultmannschen Denkens aus, sondern von jenem anderen Einsatz, bei dem er radikal eindeutig vorgegangen ist. Es ist die Klarheit, mit der er das christliche Glauben von der Übernahme des biblisch-mythischen Weltbildes trennte und das falsche Ärgernis des Glaubens mit einer unüberbietbaren Präzi-

35. Barth – Bultmann, Briefwechsel, S. 129.

sion und mit bedeutendem Mut aufdeckte. In *diesem* Punkte ist er groß. Nicht zufällig hat sein Vortrag »Neues Testament und Mythologie« seinerzeit wie ein Erdbeben gewirkt, und das Glaubensdenken kann nicht hinter die von ihm formulierte Frage zurück:

»Die heutige christliche Verkündigung steht also vor der Frage, ob sie, wenn sie vom Menschen Glauben fordert, ihm zumutet, das vergangene mythische Weltbild anzuerkennen. Wenn das unmöglich ist, so entsteht für sie die Frage, ob die Verkündigung des Neuen Testaments eine Wahrheit ist, die vom mythischen Weltbild unabhängig ist.«[36]

Ob Bultmann die Lösung dieser Frage geglückt ist oder ob die Einwände von Jaspers und Tillich größere Berechtigung haben, ist eine Frage für sich. Die Größe, die Bultmann nicht genommen werden kann, bleibt die Klarheit und der Mut, mit denen er diese Frage unausweichlich so gestellt hat, daß kein Redlicher an ihr vorbei und hinter sie zurück kann.

36. Neues Testament und Mythologie, S. 16.

Dietrich Bonhoeffer

1906–1945

Als Sohn des Professors für Psychiatrie Karl Bonhoeffer wurde Dietrich Bonhoeffer am 4. Februar 1906 in Breslau geboren; 1912 wurde der Vater auf den psychiatrischen Lehrstuhl nach Berlin gerufen. Nach glücklicher Jugendzeit in Berlin studierte Dietrich Bonhoeffer in Tübingen und Berlin Theologie und promovierte bereits mit 21 Jahren mit der glänzenden Dissertation »Sanctorum Communio«. Wegen seiner Jugend konnte er vorerst noch nicht in den Kirchendienst aufgenommen werden. Nach einem Vikariat in Barcelona und einer Assistenz in Berlin habilitierte er sich an der Universität Berlin und absolvierte noch einen Studienaufenthalt in Amerika.

Früh von Karl Barth beeinflußt, wurde er im Deutschen Kirchenkampf einer der entschiedensten Führer der Bekennenden Kirche. Wertvoll waren im besonderen seine ökumenischen Kontakte, so mit dem Bischof Bell von Chichester, einem seiner treuesten Freunde. Im Oktober 1933 ging Bonhoeffer als deutscher Pfarrer nach London, wo er fast zwei Jahre blieb. 1935 wurde er als Leiter des illegalen Predigerseminars der Bekennenden Kirche nach Finkenwalde berufen, wo er ein geistliches Zentrum des Widerstandes aufbaute. Vom nationalsozialistischen Staat wurde er immer mehr eingeengt. Kurz vor dem Krieg besuchte er noch einmal die Vereinigten Staaten, entschloß sich aber, nach Deutschland zurückzukehren und am Geschick seines Landes teilzuhaben. Immer stärker wurde ihm bewußt, daß der Kampf der Bekennenden Kirche um die Kirche nicht genügte, daß vielmehr der Nationalsozialismus auf dem politischen Feld bekämpft werden mußte. Durch seinen Bruder Klaus und seinen Schwager Hans von Dohnanyi schloß er sich dem Verschwörerkreis um Gördeler, Canaris, Beck und Stauffenberg an. Um ungestörter arbeiten zu können, ließ er sich in den Geheimdienst von Canaris aufnehmen.

Im Zuge der Einengung des Amtes von Admiral Canaris durch die Gestapo wurde auch Dietrich Bonhoeffer am 5. April 1943 verhaftet und ins Militärgefängnis von Tegel eingeliefert. Da die Gestapo von der Verschwörung noch nichts wußte, schien noch berechtigte Hoffnung zu bestehen. Die Haft war, gemessen an der Art, wie im nationalsozialistischen Staat Häftlinge behandelt zu werden pflegten, relativ erträglich. Nach dem mißglückten Attentat von Stauffenberg auf Hitler am 20. Juli 1944 und dem großen Aktenfund in Zossen am 22. September 1944 verschärfte sich die Haft. Auf persönlichen Befehl Hitlers wurde Bonhoeffer zusammen mit einer Reihe anderer noch übrig gebliebener Verschwörer am 9. April 1945 hingerichtet.

Neben den bedeutenden Büchern »Nachfolge« und »Ethik« waren es vor allem die Briefe aus der Gefangenschaft, die Eberhard Bethge nach dem Tode Bonhoeffers unter dem Titel »Widerstand und Ergebung« veröffentlichte, die Bonhoeffers Gedanken die breite Resonanz in der Öffentlichkeit verschafften.

1. Persönlichkeit und Schicksal

Dietrich Bonhoeffer ist eine der faszinierendsten Gestalten der Glaubensgeschichte unseres Jahrhunderts. Er ist es nicht nur um der Tiefe und Redlichkeit seines Denkens willen, sondern vielmehr durch die Strahlungskraft seiner Persönlichkeit, den geraden Mut seines Lebensweges und die Tragik seines Schicksals. Denken, Fühlen, Wollen und Tat waren bei ihm in einer Weise eins, wie wir es selten finden. Die Verwirklichung des gelebten Glaubens, die erst glaubwürdig macht, ist unter den in dieser Darstellung zusammengeschauten Denkern neben Bonhoeffer wohl nur noch bei Albert Schweitzer derart bewegend. Der Unterschied aber liegt darin, daß es Schweitzer vergönnt war, bis ins höchste Alter hinein aktiv zu erfüllen, was ihm vorschwebte. Bonhoeffer aber wurde im Verlaufe seines Ringens das Leiden auferlegt. Wohl hatte er bei dem Einsatz seines Lebens ganz nüchtern und verantwortlich diese Möglichkeit als Wahrscheinlichkeit im voraus auf sich genommen, wie wohl alle die klar sehenden Verschwörer gegen Hitler. Aber die lange Gefangenschaftszeit bedeutete doch für den so tatkräftigen Mann einen ungeheuren Bruch, der sich in seinem Denken aus der Gefangenschaft auch maßgeblich ausdrückt. Sein Glaubensdenken hat deshalb Züge einer, wie man gesagt hat, »Märtyrertheologie«. Es ist Denken in den Grenzsituationen des Leidens, und so ist ihm nicht umsonst der Schrei Jesu am Kreuz »Mein Gott, mein Gott, warum hast du mich verlassen« zu einem Schlüssel des Glaubensverständnisses geworden. Der Bruch vom tätigen zum leidenden Leben zittert noch in jenen Versen aus dem Gedicht »Stationen auf dem Wege zur Freiheit«, die den Übergang von der »Tat« zum »Leiden« schildern, nach:

> »Wunderbare Verwandlung. Die starken, tätigen Hände
> sind dir gebunden. Ohnmächtig, einsam siehst du das Ende
> deiner Tat ...«[1]

1. (Titel ohne Autorenbezeichnung sind Werke Dietrich Bonhoeffers.) Widerstand und Ergebung, München 1952, S. 250.

Da das Denken Bonhoeffers sich so stark im Zusammenhang mit seinem Lebensweg gestaltet hat, ist dieser Mann nicht nur vom abstrakten Gedanken aus zu verstehen. Wir müssen uns deshalb als erstes näher mit seiner Persönlichkeit und seinem Schicksal auseinandersetzen. Die Wesensart Bonhoeffers tritt wohl am besten in zwei Zeugnissen aus der Zeit der Gefangenschaft zutage, einem Selbstzeugnis aus dem Gefängnis und dem Bericht des Lagerarztes des Konzentrationslagers Flossenbürg von der Hinrichtung Bonhoeffers.

Der gleichzeitig überlegene, sensible und illusionslos Denkende spricht zu sich selbst:

»Wer bin ich? Sie sagen mir oft,
ich träte aus meiner Zelle
gelassen und heiter und fest
wie ein Gutsherr aus seinem Schloß.
Wer bin ich? Sie sagen mir oft
ich spräche mit meinen Bewachern
frei und freundlich und klar,
als hätte ich zu gebieten.
Wer bin ich? Sie sagen mir auch,
ich trüge die Tage des Unglücks
gleichmütig, lächelnd und stolz
wie einer, der Siegen gewohnt ist.
Bin ich das wirklich, was andere von mir sagen?
Oder bin ich nur das, was ich selbst von mir weiß?
Unruhig, sehnsüchtig, krank, wie ein Vogel im Käfig,
ringend nach Lebensatem, als würgte mir einer die Kehle,
hungernd nach Farben, nach Blumen, nach Vogelstimmen,
dürstend nach guten Worten, nach menschlicher Nähe,
zitternd vor Zorn über Willkür und kleinlichste Kränkung,
umgetrieben vom Warten auf große Dinge,
ohnmächtig bangend um Freunde in endloser Ferne,
müde und leer zum Beten, zum Denken, zum Schaffen,
matt und bereit, von allem Abschied zu nehmen?
Wer bin ich? Der oder jener?
Bin ich denn heute dieser und morgen ein andrer?
Bin ich beides zugleich? Vor Menschen ein Heuchler

und vor mir selbst ein verächtlich wehleidiger Schwächling?
Oder gleicht, was in mir noch ist, dem geschlagenen Heer,
das in Unordnung weicht vor schon gewonnenem Sieg?
Wer bin ich? Einsames Fragen treibt mit mir Spott.
Wer ich auch bin, Du kennst mich, Dein bin ich, o Gott!«[2]

Der Lagerarzt berichtet von Bonhoeffers Tode am 9. April 1945:

»Am Morgen des betreffenden Tages etwa zwischen 5 und 6 Uhr wurden die Gefangenen, darunter Admiral Canaris, General Oster ... und Reichsgerichtsrat Sack aus den Zellen geführt und die kriegsgerichtlichen Urteile verlesen. Durch die halbgeöffnete Tür eines Zimmers im Barakkenbau sah ich vor der Ablegung der Häftlingskleidung Pastor Bonhoeffer in innigem Gebet mit seinem Herrgott knien. Die hingebungsvolle und erhörungsgewisse Art des Gebetes dieses außerordentlich sympathischen Mannes hat mich auf das Tiefste erschüttert. Auch an der Richtstätte selbst verrichtete er noch ein kurzes Gebet und bestieg dann mutig und gefaßt die Treppe zum Galgen. Der Tod erfolgte nach wenigen Sekunden. Ich habe in meiner fast 50jährigen ärztlichen Tätigkeit kaum je einen Mann so gottergeben sterben sehen.«[3]

Gerade dieses Zeugnis von Bonhoeffers Sterben muß vor Augen bleiben, wenn wir uns seinem Denken über den Glauben in einer mündigen Welt, in der Gott nicht eingreift, zuwenden werden.
Die ganze Wesensart Bonhoeffers tritt aus den beiden Zeugnissen klar hervor. Welches war nun sein innerer Weg, der ihn zu diesem Ende führte?
Bonhoeffer begann als evangelischer Theologe mit betont lutherischer Prägung; gleichzeitig wurde er einer der frühesten begeisterten Anhänger Karl Barths und der dialektischen Theologie. Ebenso früh bedrängte ihn die Frage nach der Verwirklichung des Christseins. So hat man seinen Weg schon bezeichnet als den Weg vom Theologen zum Christen und vom Christen zum

2. A. a. O., S. 243.
3. H. Fischer-Hüllstrung, Bericht aus Flossenbürg, in: Begegnungen, S. 192. Zit. bei: Eberhard Bethge, Dietrich Bonhoeffer, München 1967, S. 1038.

Menschen, in anderer Hinsicht auch als einen Weg von der Kirche zur Welt. In der öffentlichen Wirksamkeit war es gleichzeitig ein Weg von dem Kampf um die Rechte der Bekennenden Kirche zum Ringen um Recht und Freiheit der Menschen im totalitären Staat. Die Ausweitung der Verantwortung von der Kirche auf die Welt, von den Christen auf die Menschen hat dazu geführt, daß Bonhoeffer aus christlicher Verantwortung heraus im weltlichen Raum handelte und auch im Zusammenhang mit der politischen Verschwörung gegen Hitler verurteilt und hingerichtet worden ist.

Zunächst ergriff er als blutjunger Mann – er hatte schon im Alter von 21 Jahren mit einer glänzenden Dissertation promoviert – kirchliche Verantwortung und wurde einer der führenden und härtesten Kämpfer für die Bekennende Kirche. Sein Denken in jener Zeit ist ausgeprägt kirchlich und vollzieht sich im Raume der Barthschen radikalen Offenbarungstheologie des Wortes Gottes. Wäre er dort stehengeblieben, dann brauchten wir ihn nicht in unsere Darstellung aufzunehmen, weil die wesentlichsten Gedanken schon durch Barth ausgesprochen sind, trotz einer nicht zu verkennenden inneren Selbständigkeit Bonhoeffers.

Immer stärker aber wird Bonhoeffer der umfassenderen Verantwortung gewahr. Die Judenverfolgungen, denen er immer außergewöhnliche Aufmerksamkeit geschenkt hatte, lehren unerbittlich, daß die christliche Kirche nicht nur »ihre« getauften Juden zu schützen hat, sondern für die Juden als Menschen einstehen muß.

Durch seinen Bruder (Klaus Bonhoeffer) und seinen Schwager (Hans von Dohnanyi) kommt er zudem immer stärker mit dem Kreis der politischen Opposition gegen Hitler in Berührung. Durch das Ergreifen auch weltlich-politischer Verantwortung entringt sich auch sein Denken der kirchlichen Verengung, in die es durch die Theologie der Bekennenden Kirche geführt worden war. Bonhoeffer öffnet sich der Welt und sieht nunmehr nicht nur die Kirche, sondern die Welt als den Raum der Wirksamkeit Gottes und Christi an. Schon vor der Gefangenschaft, in dem

langen Ringen um die »Ethik«, vollzieht Bonhoeffer die Wendung, daß er von dem ihm vertrauten Schema: »Die verlorene Welt in Adam – die gerettete Welt in Christus und der Kirche« wegkommt und das »Denken in zwei Räumen« überwindet.[4]
Durch das Aufsprengen der kirchlichen Enge des Glaubens und das Betonen der *Wirklichkeit* als eines Ganzen entfernt sich Bonhoeffer allmählich von dem starren »Bekenntnis«-kreis. Da aber für ihn diese ganze, die Welt umspannende »Wirklichkeit« die Christuswirklichkeit bleibt, erscheint es zunächst nur wie eine Ausweitung des Raumes Christi vom Provinziellen zum Universalen. Es ist aber weit mehr; die praktischen Konsequenzen, die Bonhoeffer zieht, zeigen es. Das Eintreten in die volle Weltlichkeit der Verschwörung gegen Hitler bringt ihn mit Nichtkirchlichen und Nichtchristen in Verbindung, für die die Wirklichkeit nicht einfach mit einem absolut gesetzten Christus konfrontiert ist.
Bonhoeffer läßt sich, um mehr Bewegungsfreiheit zu haben, in den Geheimdienst des Admiral Canaris aufnehmen, der ebenfalls der Gördelergruppe zugehört. Im Verlaufe eines Kesseltreibens gegen Canaris, dessen selbständiger Geheimdienst der Partei ein Dorn im Auge ist, wird auch Dietrich Bonhoeffer am 5. April 1943 verhaftet und in das militärische Untersuchungsgefängnis Tegel eingeliefert. Die Verhaftung erfolgte also nicht wegen der Verschwörung, die noch nicht aufgedeckt war; es war gleichsam ein Zufallstreffer, und die Gestapo ahnte nicht, welchen Fang sie mit der Verhaftung des Kreises um Canaris gemacht hatte. So bestand denn in der ersten Zeit eine gewisse Hoffnung, daß durch Verschleierung ein Prozeß günstig gestaltet werden könne, weil nichts wirklich Belastendes vorlag; die Anklage lautete ja auch einfach auf »Zersetzung der Wehrkraft«. Mehr als ein Jahr brachte Bonhoeffer zwischen Hoffnung und Sorge im Tegeler Untersuchungsgefängnis zu. In dieser Zeit vollzog sich in ihm eine tiefgreifende Umschichtung seines Glaubensdenkens unter

4. Ethik, ed. Bethge, München 1949, S. 61.

der Einsamkeit seiner Grenzsituation. Der Schritt in die Weltlichkeit des Glaubens war grundsätzlich schon vorher getan worden; nunmehr aber vollzog Bonhoeffer die entscheidende Wende zum Gedanken der *mündigen* Welt und der religionslosen Interpretation des Evangeliums. Die Art der Haft ermöglichte es, daß Bonhoeffer relativ unzensiert Briefe schreiben konnte; seine Gedanken über den Glauben vertraute er vor allem den Briefen an seinen Freund Eberhard Bethge an. Diese Briefe aus der Gefangenschaft, nach dem Tode Bonhoeffers und dem Ende des Krieges von dem Freund unter dem Titel »Widerstand und Ergebung« veröffentlicht, haben Bonhoeffer zu dem Denker des Glaubens in einer mündigen Welt gemacht, als der er die tiefgreifendste Wirkung ausüben sollte. Wir werden in unserer Darstellung fast ausschließlich diese letzte reife Stufe seines Denkens zur Geltung bringen, da sie es ist, die Bonhoeffer den entscheidenden Rang gegeben hat. Das Schicksal Bonhoeffers, das so lange in der Schwebe blieb, nahm zusammen mit dem seiner Freunde die katastrophale Wende nach dem 20. Juli 1944. Der gescheiterte Anschlag Stauffenbergs löste die Lawine der Verfolgung aus. Im Zuge der Nachforschungen gelang dem Gestapokommissar Sonderegger in Zossen ein Aktenfund, der außer vielem belastenden Material auch Namenslisten enthielt. Damit war Bonhoeffer als Mitverschwörer enthüllt. Am 8. Oktober wird er in den Gestapokeller der Prinz-Albrecht-Straße eingeliefert. Von diesem Zeitpunkt an existieren nur noch spärliche Lebenszeichen. Der Weg führt ins Konzentrationslager Buchenwald. Das nahende Ende des Krieges erregt letzte Hoffnungen auf Verzögerung der Prozesse bis zur Katastrophe des Dritten Reiches. Doch Hitlers Rachedurst ist so stark, daß er noch in den letzten Tagen an die Verfolgung denkt. Am 5. April 1945, auf den Tag genau zwei Jahre nach der Verhaftung Bonhoeffers, erteilt Hitler bei der Mittagsbesprechung den persönlichen Befehl, alle noch lebenden Verschwörer im Schnellgericht abzuurteilen und zu liquidieren. Bonhoeffer wird abtransportiert. Am 8. April langt er nach abenteuerlicher Fahrt, bei der er beinahe durch eine Verwechs-

lung gerettet worden wäre, in Flossenbürg an. In nächtlichem Standgericht wird er zum Tode verurteilt und am frühen Morgen des 9. April 1945 zusammen mit Oster, Sack, Canaris, Strünck und Gehre gehängt.
Bonhoeffer hatte, als er sich zur Teilnahme an der Verschwörung entschloß, nicht nur das Wagnis der Schuld, sondern auch das des Leidens bewußt mit eingerechnet. Die Größe, mit der er sein Schicksal trug, ist der Hintergrund seines Denkens über den Glauben in einer mündigen Welt. In einem seiner letzten Briefe aus Tegel schreibt er seinem Freund: »Du darfst nie daran zweifeln, daß ich dankbar und froh den Weg gehe, den ich geführt werde.«[5] Bonhoeffer hat den Weg der Verantwortung frei gewählt, er war nicht äußerem Zwang unterworfen. Kurz vor Kriegsbeginn weilte er in Amerika und erwog, dort zu bleiben: Angebote hatte er genug. Er entschloß sich aber, den Weg in die direkte Verantwortung mit allen Konsequenzen zu gehen. Die Bedeutung der Persönlichkeit und des Lebensschicksales von Bonhoeffer umriß Bischof Bell von Chichester in dem Gedächtnisgottesdienst vom 27. Juli 1945 in der Holy Trinity Church in London mit den Worten:

»Sein Tod ist ein Tod für Deutschland – ja auch für Europa ... Sein Tod wie sein Leben bilden ein Faktum von eindringlichstem Wert im Zeugnis der Bekennenden Kirche. In der edlen Gemeinschaft der Märtyrer verschiedener Tradition verkörpert er beides: den Widerstand der gläubigen Seele im Namen Gottes gegen den Angriff des Bösen; und ebenso die moralische und politische Erhebung des menschlichen Gewissens gegen Ungerechtigkeit und Grausamkeit.«[6]

5. Widerstand und Ergebung, S. 267.
6. Bethge, a. a. O., S. 1041.

2. Glaube in einer mündigen Welt

Aus einem konventionellen Christentum heraus, das durch die Glaubensbekenntnisse des 16. Jahrhunderts in der Interpretation durch die Dialektische Theologie geprägt war, tritt Bonhoeffer in die Erkenntnis, daß diese Welt Gott gegenüber in einer ganz anderen Weise zur Mündigkeit gelangt sei, als das überlieferte christliche Denken angenommen hatte.

Was ist die mündige Welt überhaupt, und was bedeutet sie für den Glauben?

Die Mündigkeit der Welt ist an sich ein aufklärerischer Gedanke. Kant ist es gewesen, der die Aufklärung als das Heraustreten der Menschheit aus der selbstverschuldeten Unmündigkeit beschrieben hat. Der Gegenbegriff der Unmündigkeit ist die Autonomie, in der ich mich meines Verstandes und meiner Vernunft selbständig bediene. Daran knüpft Bonhoeffer zunächst an. Die Mündigkeit ist Resultat der geschichtlichen Entwicklung seit dem späten Mittelalter. Sie bedeutet jene Bewegung in die Richtung der Autonomie, die dadurch ermöglicht wird, daß die Gesetze entdeckt wurden, nach denen die Welt in Wissenschaft, Gesellschafts- und Staatsleben, Kunst, Ethik, Religion lebt und mit sich selbst fertig wird. In unserer Zeit ist diese Entwicklung zu einem gewissen Abschluß gekommen. Der wesentliche Punkt besteht in der vergrößerten Fähigkeit des Menschen, »mit sich selbst fertig zu werden«[7], die Natur zu beherrschen und die Probleme selbst zu lösen. Das weitet zunächst das Selbstbewußtsein des Menschen aus. Der Optimismus der Aufklärung beruht auf dieser Erscheinung.

Diese ganze, an sich erst harmlos scheinende Evolution hat nun aber sogleich tiefgreifende religiöse Folgen. Um dieser Folgen willen ist die Entwicklung zur Autonomie hin von der Kirche mit größtem Mißtrauen verfolgt und bald als der Weg zum Abfall verstanden worden. An diesem Punkt nun setzt Bonhoeffers

7. Widerstand und Ergebung, S. 215.

Reflexion ein, die die Mündigkeit der Welt bejaht, ohne aber den Optimismus der Aufklärung zu teilen, die am Glauben festhält, aber jenen Glauben als Irrweg verwirft, der nur davon leben kann, daß er die Mündigkeit bekämpft.

Die Steigerung des menschlichen Vermögens hat zunächst eine religiös negative Folge. Je mehr der Mensch selbst kann, um so weniger ist er auf Gott angewiesen, der alles für ihn tut. Es stellt sich Gott gegenüber jenes echte Problem der Mündigkeit, das sich zwischen Eltern und heranwachsenden Kindern erhebt. Gott wird an den Rand gedrängt. Jeder wissenschaftliche Fortschritt raubt Gott einen Teil des ihm verfügbaren Raumes. Er wird »aus dem Leben zurückgedrängt« in die noch bestehenden Lücken des Wissens und Könnens des Menschen. Er wird ein Gott der Grenzsituationen, dem nur noch die unlösbaren »letzten Fragen« wie Tod, Ewigkeit und Sünde gehören. Weil jede geschlossene Lücke Gott Lebensraum raubt, kämpft die Kirche verzweifelt gegen den Fortschritt der menschlichen Erkenntnis. Galilei war nur ein Anfang, Darwin nur ein Symptom. Die Kirche hat deshalb auch das größte Interesse an der Lückenhaftigkeit des menschlichen Könnens. Der starke, glückliche Mensch erweckt ihr Mißtrauen. Sie legt den Menschen möglichst auf heimliche Verzweiflung, Ausweglosigkeit und Schwäche fest, um zu zeigen, daß man doch noch Gott und damit die Kirche und den Pfarrer nötig hat.

Dieser Schau liegt ein bestimmtes Gottesbild zugrunde, das sich im Laufe der Zeit immer stärker herauskristallisiert. Der Gott, der die Lücken der menschlichen Fähigkeiten auszufüllen hat, ist im Grunde ein *Lückenbüßer*[8]. Genau an dieser Stelle setzt Bonhoeffers Kritik ein – nicht an der Mündigkeit der Welt, sondern an dem Gottesbild der Kirchen. Der Weg in die Autonomie kann nicht rückgängig gemacht werden. Der kirchliche Versuch, es trotzdem zu tun, ist ebenso sinnlos wie unrichtig. Weder die Rückzugsgefechte noch der Versuch, dem Menschen die Welt

8. A. a. O., S. 211 u. ö.

»madig«[9] zu machen, noch der »Salto mortale zurück ins Mittelalter«[10], das heißt in eine Heteronomie in der Form des Klerikalismus, helfen weiter. Das alles sind ungangbare »Notausgänge« für »ängstliche Gemüter«[11]. Vielmehr gilt es gerade für den Glauben, die Entwicklung entschlossen zu bejahen und die Mündigkeit nicht nur als geschichtliches Verhängnis zu verstehen, sondern als vom Glauben zu ergreifende, gottgewollte menschliche Aufgabe.

Gott wird dann aus einem Lückenbüßer, aus einer »Arbeitshypothese« für unbekannte Kausalitäten der Gott, dem der Mensch gerade in seiner Fähigkeit und Stärke konfrontiert wird, der Gott, der ihm die Mündigkeit ermöglicht und ihn dafür verantwortlich macht:

»Ich möchte von Gott nicht an den Grenzen, sondern in der Mitte, nicht in den Schwächen, sondern der Kraft, nicht also bei Tod und Schuld, sondern im Leben und im Guten des Menschen sprechen.«[12]

»Gott ist auch hier kein Lückenbüßer; nicht erst an den Grenzen unserer Möglichkeiten, sondern mitten im Leben muß Gott erkannt werden; im Leben und nicht erst im Sterben, in Gesundheit und Kraft und nicht erst im Leiden, im Handeln und nicht erst in der Sünde will Gott erkannt werden.«[13]

Radikal verläßt Bonhoeffer die ausgetretenen Pfade der konventionellen Apologetik. Er stellt sich der modernen Religionskritik, bejaht die Entwicklung und warnt vor den Halbheiten.

»Ich will also darauf hinaus, daß man Gott nicht noch an irgendeiner allerletzten heimlichen Stelle hineinschmuggelt, sondern daß man die Mündigkeit der Welt und des Menschen einfach anerkennt, daß man den Menschen in seiner Weltlichkeit nicht ›madig macht‹, sondern ihn an seiner stärksten Stelle mit Gott konfrontiert.«[14]

Soweit nimmt Bonhoeffer eigentlich nur die Postulate eines

9. A. a. O., S. 236.
10. A. a. O., S. 241.
11. Ebd.
12. A. a. O., S. 182.
13. A. a. O., S. 211.
14. A. a. O., S. 136.

Neuprotestantismus wieder auf, der von den Erkenntnissen der Aufklärung ausgegangen war, nachdem diese Postulate in der Welle der dialektischen Wort-Gottes- und Bekenntnistheologie allzulange vergessen worden waren. Größer ist einzig die Radikalität der Entscheidung, dazu die These, daß wir die ganze Entwicklung nicht als Abfall von Gott zu verstehen haben, auch nicht einfach als historisches Schicksal, sondern als den Weg Gottes selbst mit dem Menschen. *Gott* will die mündige Welt und den mündigen Menschen! Der Lückenbüßergott ist nicht der wahre Gott und keineswegs der Gott Jesu Christi! Immerhin liegt auch diese Radikalität noch auf der Linie der Aufklärung.

Das Besondere an Bonhoeffers Sicht der mündigen Welt aber tritt erst da ganz zutage, wo er noch einen entscheidenden Schritt weiter geht bis zu dem Punkte, da er der ganzen Abgründigkeit in der mündigen Welt ansichtig wird. An dieser Stelle spüren wir nun das Denken des Gefangenen in der Grenzsituation des Märtyrers im totalen Staat, im Angesicht der Kriegsleiden und des ungezügelten Sadismus gegenüber Juden und Konzentrationshäftlingen.

Zuwenig tief hat die Aufklärung die Mündigkeit der Welt durchdacht, wenn sie nur ihrer Tagseite sich erfreute und den Gott, der die autonome Vernunft gab, zugleich als den vorsehenden Vater pries, der in prästabilierter Harmonie gütig und weise die Welt lenkt. Auch dieser aufklärerische Vater noch ist ein Vormund, und wenn Gott die Welt und die Menschen in die Mündigkeit entläßt, ja stößt, dann müssen die Menschen auch in den Situationen selbst fertig werden, da sie des himmlischen Vaters bedürften. Genau an dieser Stelle beginnt die unheimliche Nachtseite der Mündigkeit, die ebenso mit dazu gehört. Nicht nur können und dürfen wir mit der Welt und uns selbst fertig werden, wir müssen es auch. Der Mündige hat die Konsequenzen seines Tuns zu tragen. Gott greift nicht in letzter Minute ein, wenn es schiefgeht. Die Mündigkeit muß bis zu Ende gedacht werden. Damit wird nicht nur der schwächliche Lückenbüßergott getroffen, sondern zentrale Aussagen der Bibel über Gott werden in Frage gestellt. Die Konsequenz hängt zwar auch mit dem »Lückenbüßer« zusammen, nur daß es sich hier nicht um die Erkenntnislücken des Weltzusammenhanges handelt, sondern um die existentiellen Lücken, die Notsituationen des menschlichen Lebens. »Rufe mich an in der Not, und ich will dich erretten, und du sollst mich preisen« – genau darum geht es. Und eben dieses Erretten aus der Not leistet der Gott der mündigen Welt nicht. Damit trifft Bonhoeffer eines der stärksten Interessen der Frömmigkeit. Den »Lückenbüßer« in dieser Sicht nennt Bonhoeffer den »deus ex machina«[15]. Der Gott der mündigen Welt aber ist der Gott, der auch in der Todesnot nicht eingreift, sondern uns verläßt, so daß sich unser Schicksal vollzieht, als ob es überhaupt gar keinen Gott gäbe. Das zuzugeben fordert die intellektuelle Redlichkeit. Und eben das ist für Bonhoeffer im Gegensatz zu einer (falschen) »religiösen« Deutung der Welt – christlich. Es ist die Erfahrung Jesu am Kreuz, und Bonhoeffer legt den letzten Schrei Jesu in dem Sinne aus, daß Gott uns damit die Mündigkeit der Welt, in der wir leben müssen ohne sein Eingreifen, bis zum bitteren Ende erfahren läßt. Das ist die Erkenntnis der Abgründigkeit des Mündigseins. Für Bonhoeffer ist es nicht ein Schritt zum Atheismus hin, sondern eine Erkenntnis vor Gott, ja eine Erkenntnis, die Gott selbst uns aufdrängt. In den Tagen des gescheiterten Attentates gegen Hitler hat Bonhoeffer die entscheidenden Worte geschrieben:

»Und wir können nicht redlich sein, ohne zu erkennen, daß wir in der Welt leben müssen – ›etsi deus non daretur‹ (d. h. »Als ob es keinen Gott gäbe.«). Und eben dies erkennen wir – vor Gott! Gott selbst zwingt uns zu dieser Erkenntnis. So führt uns unser Mündigwerden zu einer wahrhaftigen Erkenntnis unserer Lage vor Gott. Gott gibt uns zu wissen, daß wir leben müssen als solche, die mit dem Leben ohne Gott fertig werden. Der Gott, der uns in der Welt leben läßt ohne die Arbeitshypothese Gott, ist der Gott, vor dem wir dauernd stehen. Vor und mit Gott leben wir ohne Gott.«[16]

15. A. a. O., S. 242.
16. A. a. O., S. 241.

Mit diesen entscheidende Worten bringt Bonhoeffer zwei entgegengesetzte Aussagen in eine paradoxe Einheit. Er verbindet den Glauben an Gott mit der Erfahrung der Welt ohne Gott. Das gewöhnliche Denken geht andere Wege. Entweder glaube ich an Gott und dann auch an seine eingreifende Präsenz, oder ich erfahre, daß kein Gott in der Welt eingreift, und glaube deshalb nicht an Gott. Welchen Sinn aber hat es, an einen Gott zu glauben, dessen Wesen es ist, mich zu verlassen und preiszugeben? Der Verzicht Bonhoeffers auf einen helfenden Gott ist radikal und redlich. Warum hält er am Glauben fest und geht nicht den Schritt weiter zum Atheismus? Die Theologen des »Todes Gottes« haben diese Grenze überschritten, sie berufen sich, wie Dorothee Sölle, zum Teil eben auf Bonhoeffer. Aber Bonhoeffer selbst redet nicht vom toten Gott, sondern von dem Gott, vor dem wir täglich stehen, auch wenn er uns verläßt.

Warum ist der Satz, daß Gott uns verläßt und wir leben müssen etsi deus non daretur, bei Bonhoeffer *glaubendes* Denken? Zwei Monate sind wohl ausschlaggebend.

Einmal lebt Bonhoeffer in einer starken inneren Verbindung mit Gott, die davon unabhängig ist, ob er den Tod zu erleiden hat oder nicht. In dieser Verbindung weiß er sich gehalten und geführt ohne »Eingriffe«. Der Gott, der verläßt, ist ja gleichzeitig, das darf man nicht übersehen, der Gott, der mit uns ist und der Gott, vor dem wir dauernd stehen. Gottesgemeinschaft und Verantwortung vor Gott sind ungebrochen. So führt der Weg Bonhoeffers gerade nicht zum Atheismus des »Gott ist tot«, und die Gottlosigkeit der Welt hat zwar die Religionslosigkeit, aber nicht die Glaubenslosigkeit zur Folge. Das ist auch für das Verständnis dessen wichtig, was Bonhoeffer mit der religionslosen Interpretation der biblischen Begriffe meint.

Sodann aber ist nicht zu übersehen, wie stark Bonhoeffer sich an der Passion Christi orientiert. Gottes »Verlassen« wird im Licht des Karfreitags verstanden.

Und daran knüpft sich nunmehr ein weiterer Grundgedanke Bonhoeffers. Es handelt sich im besonderen um eine Reflexion, die im Raume des allgemeinen Leidenmüssens lebt. Sie stammt nicht zufällig aus der Feder eines im Gefängnis auf das Todesurteil Wartenden. Darum aber reicht sie auch in jene Tiefen der Problematik der Welt hinab, die von oberflächlichem Optimismus nicht mehr erreicht werden. Der neue Gedanke, zu dem Bonhoeffer an dieser Stelle ansetzt, ist nicht unbedingt geradlinig eine Konsequenz der mündigen Welt und schon gar nicht der Abschaffung des »Lückenbüßers«, der Konfrontation mit Gott »an der stärksten Stelle«. Es ist vielmehr Karfreitagstheologie, die in Christus – sei es nun dogmatisch, oder sei es repräsentativ – Gott selbst sieht. Der aus der Welt verdrängte Gott ist in Christus doch noch in der Welt präsent, aber nun nicht als Mächtiger und Handelnder, sondern als der Ohnmächtige und Leidende. »Gott läßt sich aus der Welt herausdrängen ans Kreuz, Gott ist ohnmächtig und schwach in der Welt und gerade und nur so ist er bei uns und hilft uns.«[17]

Man darf diese Aussage nicht verabsolutieren, sonst wird sie absurd. Gott kann auch für Bonhoeffer nicht ganz und gar auf Ohnmacht festgelegt werden, obgleich es an der zitierten Stelle »nur so« heißt. Andere Aussagen relativieren diese extreme Formulierung. Es ist aber nicht zu übersehen, daß für Bonhoeffer in diesem Gedanken, der fast an eine Leidens- und Kreuzesmystik streift (bei allem sonst so unmystischen Wesen Bonhoeffers), in solcher Gemeinschaft mit dem Leiden Christi eine tiefe Kraftquelle des Glaubens lag, die ihm half, das eigene Leiden zu bewältigen.

Gott selber leidet an seiner Welt! Bonhoeffer nimmt diesen tiefen Gedanken in sein Denken über die mündige Welt auf. Gott greift zwar nicht aktiv ein, aber er leidet mit, daß die mündige Welt so leidvoll ist. Damit wird die Teilnahme an der Welt, sei es in tätiger Verantwortung, sei es im Leiden für die Welt, vertieft zur Gottesgemeinschaft. Die eigenen Leiden bedenken und von Gott Hilfe daraus erwarten wird jetzt erst recht falsche Religion. Christ-

17. A. a. O., S. 242.

licher Glaube aber besteht darin, bei Gott in Gottes Leiden zu stehen, mit Christus in Gethsemane zu wachen. Gerade in diesem Gedanken sieht Bonhoeffer die Einheit seiner Thesen von der mündigen Welt, vom Gegensatz zwischen dem Glauben und der Religion und von der religionslosen Interpretation der Bibel:

»Hier liegt der entscheidende Unterschied zu allen Religionen. Die Religiosität des Menschen weist ihn in seiner Not an die Macht Gottes in der Welt, Gott ist der deus ex machina. Die Bibel weist den Menschen an die Ohnmacht und das Leiden Gottes; nur der leidende Gott kann helfen. Insofern kann man sagen, daß die beschriebene Entwicklung zur Mündigkeit der Welt, durch die mit einer falschen Gottesvorstellung aufgeräumt wird, den Blick freimacht für den Gott der Bibel, der durch seine Ohnmacht in der Welt Macht und Raum gewinnt. Hier wird wohl die ›weltliche Interpretation‹ einzusetzen haben.«[18]

An solchen Aussagen spüren wir deutlich, daß hinter den scheinbar spontan hingeworfenen fragmentarischen Briefzeilen eine neue, geschlossene Schau des ganzen Glaubens steht, die um ihren Ausdruck ringt. Zweifellos sind die Gedanken Bonhoeffers noch nicht ganz durchgeklärt; sie enthalten Spannungen, Härten und Reibungen in sich. Das Lebendige, das durch die Unmittelbarkeit der Briefform entsteht, läßt andererseits manche Fragen ungeklärt. Dazu kommt noch, daß Bonhoeffer bis in die letzten Briefe hinein durchaus auch noch Dinge sagen kann, die eigentlich zu der neuen Schau kaum mehr passen und wie Relikte aus der Zeit seines dogmatisch-kirchlichen Denkens wirken. Das kann auch gar nicht anders sein. Schließlich hat Bonhoeffer mehr als zehn Jahre lang in diesen Gedankenbahnen der Bekenntnisorthodoxie gedacht. Und wenn auch die Entwicklung deutlich zu verfolgen ist, so ist es doch bei Bonhoeffer nicht zu einem bewußten und radikalen Bruch mit seiner eigenen theologischen Vergangenheit gekommen.

Ja, manches an seinen Äußerungen ist nur verstehbar, wenn man bedenkt, daß er als einer, der durch Karl Barth geschult ist, die

18. Ebd.

modernen Probleme wieder aufgreift. Wir dürfen uns deshalb durch gewisse Spannungen, ja Widersprüche in den Äußerungen der beiden letzten Jahre nicht daran irre machen lassen, daß hier eine Gesamtschau um ihre gültige Form ringt. Es ist ja dazu auch noch zu bedenken, daß wir lediglich die Briefaussagen besitzen. Bonhoeffer hat in der letzten Zeit an einem großen Manuskript gearbeitet, das die Gedankengänge um die mündige Welt mehr im Zusammenhang ausführt. Er konnte die schon fertigen Kapitel aber vor seiner Hinrichtung nicht mehr in Sicherheit bringen; sie sind verschollen[19].

So, wie uns Bonhoeffers Denken um den Glauben in einer mündigen Welt überliefert ist, erscheint es nicht als abgeschlossen und fordert uns dazu auf, selbständig weiterzudenken.

Die Mündigkeit der Welt und die nichtreligiöse Interpretation der Bibel sind aber nur ein Aspekt der Sache. Im Zusammenhang damit steht die Weltzuwendung in der »Weltlichkeit des Glaubens«, die bereits vor der Gefangennahme eingesetzt hat und die für das Selbstverständnis des Christen in der Welt von ebenso hervorragender Bedeutung ist. Wie eng beide Aspekte zusammenhängen, erweist sich daran, daß Bonhoeffer fast unterschiedslos von der »nichtreligiösen« und von der »weltlichen« Interpretation der Bibel reden kann. Die Zuwendung des Christen zur Welt hat aber doch ihre besonderen Probleme, so daß sie nicht einfach nur im Gedankenkreis der Mündigkeit aufgeht. Dem Aspekt der Weltlichkeit des Glaubens haben wir uns deshalb noch gesondert zuzuwenden.

3. Die Weltlichkeit des Glaubens

Die Zuwendung zur Welt, die bei Bonhoeffer tief im praktischen Wahrnehmen der Verantwortung verwurzelt war, erscheint vom Glauben her zunächst als das Überwinden des Denkens in zwei

19. Vgl. Bethge, a. a. O., S. 1017.

Räumen. Das überlieferte christliche Schema bewertet die »Welt« als negativ. Sie ist verlorene, verdorbene Welt; der Fürst dieser Welt ist der Teufel. In solcher Weltbewertung schwingt ein apokalyptisches Moment mit, das auf die völlige Welterneuerung wartet, und ebenso ein dualistisches, das Welt und Gott auseinanderreißt. Die durch Christus eröffnete neue Welt wird durch die Kirche repräsentiert; in ihr wird aus einem Weltkind ein Gotteskind. Frommsein bedeutet demnach Mißtrauen gegen die »Welt«, insbesondere ihren Freuden gegenüber. Statt der Welt den Himmel zu lieben ist die christliche Alternative.

Bonhoeffer überwindet dieses Schema zuerst von seinem Christusgedanken her. Nicht nur die Kirche, sondern vielmehr die Welt gehört Christus. Christus ist die Wirklichkeit. Unschwer erkennen wir darin eine Ausweitung dogmatisch-spekulativer Gedanken, die später bei Bonhoeffer eher zurücktreten. Wichtig für uns ist die Tatsache selbst, daß die Enge des Kirchendenkens und des Mißtrauens gegen die Welt gesprengt werden.

An deren Stelle tritt eine Diesseitigkeit, die die Kritik Feuerbachs und Nietzsches gegen die Jenseitigkeit der Kirche aufnimmt. Andererseits gibt Bonhoeffer das Jenseitige, werde es nun als »Himmel« oder als »Eschaton«, als Endziel des Gottesreiches gedeutet, nicht preis. Er bestimmt aber das Verhältnis neu, indem er nicht Jenseits gegen Diesseits ausspielt, sondern die beiden in einen Zusammenhang bringt. Das Schlüsselwort ist die Beziehung des Letzten zum *Vorletzten*. Das Diesseits ist das Vorletzte. Das letzte Wort ist die Gnade, die Rechtfertigung des Sünders, das Reich Gottes. Aber dieses Letzte ist nun eben nicht nur sachlich das Letzte, über das nicht hinausgegangen werden kann, sondern auch zeitlich. Dem Letzten geht ein Weg voran, das Vorletzte. Das letzte Wort voreilig sprechen, das Letzte ungeduldig ergreifen wollen unter Überspringung des Vorletzten führt zu nichts. Gerade diese Kurzschlüssigkeit ist nicht Glaube. Vielmehr nimmt der Glaube das Vorletzte im Lichte des Letzten ernst.

Bonhoeffer berührt sich an diesem Punkte nicht nur mit Grundgedanken von Teilhard de Chardin, der die Diesseitigkeit fordert, sondern auch mit Karl Jaspers, der feststellt, daß wir nicht an der Welt vorbei zu Gott gelangen können.

Mit der Würdigung des Vorletzten ist nicht nur eine christliche Diesseitigkeit im vollen Sinne des Wortes ermöglicht, sondern gleichzeitig wird dem Mißbrauch der großen letzten kirchlichen Worte gesteuert. Die Differenzen zwischen gut und böse können nicht so leichthin mit dem letzten Wort der Gnade für alle übersprungen werden. Denn das Vorletzte ist charakterisiert durch das Menschsein und das Gute. Durch das Ernstnehmen des Vorletzten, also des Diesseits, wird auch die Ethik wieder ernsthaft. Die in der Kirche lange gering geschätzte Humanität gewinnt erneut christliches Gewicht.

Dieses Vorletzte wird durch das Letzte, die Botschaft vom Gottesreich und der Gnade, relativiert, eben zum Vorletzten gemacht. Trotzdem geht das Vorletzte dem Letzten voraus. Es kann freilich die Freiheit des Letzten nicht aufheben; das Vorletzte ist nicht letzte Bedingung des Letzten, sonst wäre beispielsweise die Rechtfertigung des Sünders unmöglich. Aber das Letzte hebt auch die Notwendigkeit des Vorletzten nicht auf. Man muß christlich für das Vorletzte Sorge tragen. Wird das Vorletzte als Menschsein im vollen, diesseitigen Sinne gewürdigt, dann ergibt sich daraus eine neue Unbefangenheit gegenüber dem weltlichen Dasein in seiner Natürlichkeit. Denn das Vorletzte erscheint für Bonhoeffer zunächst im Raum des »Natürlichen«. Im Gegensatz zu der verkrampften Art, in der die Christenheit lange dem Natürlichen gegenübertrat, ist die christliche Freilassung des Natürlichen durch Bonhoeffer außergewöhnlich wohltuend und einleuchtend. Bonhoeffer verfällt dabei nicht in einen Naturkult; der Blick in die dämonische Abgründigkeit der Welt bleibt bestehen. So gewinnt sein Begriff des Natürlichen eine dialektische Tiefe:

»Es muß also der Begriff des Natürlichen vom Evangelium her wieder gewonnen werden. Wir sprechen vom Natürlichen im Unterschied zum Geschöpflichen, um die Tatsache des Sündenfalles mit einzuschließen,

Wir sprechen vom Natürlichen im Unterschied zum Sündhaften, um das Geschöpfliche mit einzuschließen.«[20]

Es ist nicht zufällig, daß Bonhoeffer in seiner Fragment gebliebenen Ethik gerade die Kapitel über das Verhältnis des Letzten zum Vorletzten und über das Natürliche am sorgfältigsten ausgearbeitet hat. Es zeigt die Bedeutung, die dieser Gedankengang für ihn hatte, um ein neues Verhältnis des Glaubens zum diesseitigen Leben zu finden. Der ganze Umschwung seines Glaubensdenkens, der in »Widerstand und Ergebung« zur Bejahung der mündigen Welt führt, hat bereits in diesen Kapiteln der Ethik breiten Raum gewonnen.
Die Weltlichkeit, die Bonhoeffer vorschwebt, steht im Gegensatz zu einem Klerikalismus einerseits, zu einer von Gott gelösten Weltlichkeit andererseits und endlich auch zu einer »platte(n) und banale(n) Diesseitigkeit der Aufgeklärten, der Betriebsamen, der Bequemen oder der Lasziven«[21]. Seine Diesseitigkeit ist vielmehr eine solche, in der die Tiefe der Abgründigkeit, des Todes und der »Auferstehung«[22] immer gegenwärtig ist. Es ist, wie er es nennt, eine christliche Diesseitigkeit. Für Bonhoeffer ist naturgemäß zunächst Luther ein Vorbild solcher Diesseitigkeit. Doch sucht er nach einer viel breiteren Verwurzelung solcher Diesseitigkeit gegenüber von Kirchlichkeit in der Geschichte, und erst diese Breite zeigt, was ihm vorschwebt. Denn der Verweis auf Luther allein ist nicht charakteristisch genug, da sich jedermann für Verschiedenartiges auf Luther zu berufen pflegt. Luther war überdies doch auch, neben seiner Weltlichkeit, ein ausgeprägter Kirchenmann, und es handelt sich gerade auch um eine nichtgeistliche christliche Diesseitigkeit, keine emanzipierte, aber eine antiklerikale. Um diese Linie aufzuzeigen, bemüht sich Bonhoeffer, zu einer »guten Ahnenreihe«[23] zu kommen. Am Anfang steht ihm das Alte Testament, das ihm in seiner unbefangenen Diesseitigkeit immer wesentlicher wird. Dann aber findet er im

20. Ethik, S. 93.
21. Widerstand und Ergebung, S. 248.
22. Ebd.
23. A. a. O., S. 157.

Mittelalter das im Kampf zwischen Kaiser und Papst gestärkte christlich-weltliche Selbstbewußtsein laienhafter Diesseitigkeit in der epischen Dichtung, bei Walther von der Vogelweide und Wolfram von Eschenbachs Parzival, sogar beim Nibelungenepos; darüber hinaus in der geistigen Haltung der Steinmetze vom Naumburger und Magdeburger Dom. Höhepunkte aber werden ihm später Lessing und Goethe, Stifter und Mörike, Claudius und Gotthelf, während er Schiller und die Idealisten nicht in dieser Ahnenreihe sieht[24]. Dieses breite Spektrum macht anschaulich, welche Art Diesseitigkeit ihm vorschwebt. Die Würdigung von »Menschlichkeit, Toleranz, Milde, Maß«[25] ebenso wie die Erwähnung Lessings und Goethes zeigen uns deutlich, welch großen Abstand Bonhoeffer von der ihm früher so selbstverständlichen Denkweise der Barthschen Kirchlichen Dogmatik gewonnen hat. Warum fehlen Namen wie Nikolaus Cusanus, Erasmus von Rotterdam, Leibniz, Kant? Ist es Zufall oder gehören sie für Bonhoeffer nicht in diese Ahnenreihe hinein? Die Äußerungen sind zu fragmentarisch, um es zu entscheiden; jedenfalls war es Bonhoeffers Meinung, daß seine »Ahnenreihe« noch sehr unvollständig sei.

Um Bonhoeffers Gedanken der »christlichen Weltlichkeit« noch besser von anderen Entwürfen der Weltlichkeit, auch der frommen Weltlichkeit, abzugrenzen, ist noch zu beachten, daß es sich bei Bonhoeffers Schau nicht darum handelt, die Welt im Sinne einer allgemeinen Mäßigkeit sparsam zu benutzen und zu genießen; dieses oft vertretene Tugendideal ist ebenfalls nicht Bonhoeffers christliche Diesseitigkeit. Vielmehr nimmt Bonhoeffer Partei für die starken Affekte, die er aber nicht anarchisch sich austoben, sondern in Beziehung zu dem stärksten Affekt, der Gottesliebe, sich entfalten lassen will. Die Lebensfülle dieser Wertung der starken Affekte erinnert an Kierkegaards, Young entnommenes, Motto von »Entweder-Oder«: »Ist denn die Ver-

24. Ebd.
25. Ebd.

nunft allein getauft, sind die Leidenschaften Heiden?«[26] Unvergeßlich ist Bonhoeffers Bild von der Polyphonie des Lebens, die wie ein gewaltiger Chor von Bach trotzdem in der Harmonie gehalten wird:

»Es ist nun aber die Gefahr in aller starken ... Liebe, daß man über ihr – ich möchte sagen: die Polyphonie des Lebens verliert. Ich meine dies: Gott und seine Ewigkeit will von ganzem Herzen geliebt sein, nicht so, daß darunter irdische Liebe beeinträchtigt oder geschwächt würde, aber gewissermaßen als cantus firmus, zu dem die anderen Stimmen des Lebens als Kontrapunkte erklingen; eines dieser kontrapunktischen Themen, die ihre volle Selbständigkeit haben, aber doch auf den cantus firmus bezogen sind, ist die irdische Liebe und auch in der Bibel steht ja das Hohe Lied und es ist wirklich keine heißere, sinnlichere, glühendere Liebe denkbar als die, von der dort gesprochen wird (cf. 7,6!); es ist wirklich gut, daß es in der Bibel steht, all denen gegenüber, die das Christliche in der Temperierung der Leidenschaften sehen (wo gibt es solche Temperierung überhaupt im Alten Testament?). Wo der cantus firmus klar und deutlich ist, kann sich der Kontrapunkt so gewaltig entfalten wie nur möglich.«[27]

Die christliche Diesseitigkeit Bonhoeffers wirft noch einige klärende Lichter auf den tieferen Sinn der Rede von der »mündigen Welt« und besonders von der so oft mißverstandenen, von Barth sogar »änigmatisch« genannten »nichtreligiösen Interpretation« der biblischen Begriffe. Der besondere Raum »kirchlicher« Aktivität und »religiöser« Interessen, das Kreisen um die Probleme der ewigen Seligkeit und der eigenen Situation vor Gott verlieren ihr Gewicht und besonders ihre fromme Dignität. Interesse haben vielmehr die Welt und ihre Probleme, die in ganz weltlicher, ganz sachlicher, ganz menschlicher Art angefaßt werden sollen, Freuden, Leiden und Aufgaben eben dieses Diesseits – jedoch in stetem Bezug der Verantwortlichkeit vor dem Gott, vor dem wir

26. Sören Kierkegaard, Endweder/Oder, Gesammelte Werke, übersetzt von Emanuel Hirsch, 1. Abteilung, Düsseldorf/Köln 1956, S. 1.
27. Widerstand und Ergebung, S. 192 f.

leben, aber selbstverantwortlich, frei und mündig leben. »Nichtreligiös« heißt für Bonhoeffer einerseits loskommen von dem Gott, zu dem man in seiner Not geht, damit er als Lückenbüßer und deus ex machina helfe, andererseits aber auch davon, das Weltgeschehen metaphysisch zu verbrämen und individualistisch Gott für seine eigenen Zwecke einzuspannen. Darüber hinaus aber bedeutet es auch den Verzicht auf die religiös-kirchliche Form des Lebens, und wenn wir bedenken, wie außergewöhnlich stark diese Lebensform, mit täglicher Bibellese, Meditation und Gesang, für lange Zeiten Bonhoeffers tägliches Leben geprägt hat, wird erst deutlich, welche Wende für ihn die weltliche Lebensform bedeutet hat. Der Übergang von kirchlicher zu welthafter politischer Verantwortung hat ihn aus diesem religiösen Kontext seiner täglichen Gewohnheit gelöst; auch auf diesem Hintergrunde ist zu verstehen, was Diesseitigkeit, Weltlichkeit im Gegensatz zu religiöser Lebensform für ihn bedeutet. Aufschlußreich ist dafür ein Brief vom 26. Juni 1942, also vor der Verhaftung, aber in der Zeit der politischen Aktivität:

»Ich wundere mich, daß ich tagelang ohne die Bibel lebe und leben kann – ich würde es dann nicht als Gehorsam, sondern als Autosuggestion empfinden, wenn ich mich dazu zwingen würde ... Ich spüre, wie in mir der Widerstand gegen alles ›Religiöse‹ wächst. Oft bis zu einer instinktiven Abscheu, – was sicher auch nicht gut ist. Ich bin keine religiöse Natur. Aber an Gott, an Christus muß ich immerfort denken; an Echtheit, an Leben, an Freiheit und Barmherzigkeit liegt mir sehr viel. Nur sind mir die religiösen Einkleidungen so unbehaglich. Verstehst Du?«[28]

Bei Bonhoeffer erwachsen alle neuen Gedanken auf dem Hintergrunde des persönlichen Erlebens. Gerade das macht ihre konkrete Wirkungskraft aus. Und so wie er sein Leben erfüllt hat, indem er Gott nicht religiös oder kirchlich, sondern ganz diesseitig diente, so wird ihm der Gegensatz von der Konzeption eines

28. Eberhard Bethge, Dietrich Bonhoeffer, Person und Werk, in: »Die mündige Welt« I, 2. Aufl., München 1955, S. 20.

»heiligen« religiösen Lebens und eines »glaubenden« ganz diesseitigen immer deutlicher bis hin zu jenem Brief aus der Gefangenschaft, der unter dem Eindruck des gescheiterten Attentates von Stauffenberg geschrieben wurde und eines der ergreifendsten Dokumente der Größe und seelischen Kraft Bonhoeffers geworden ist:

»Ich erinnere mich eines Gespräches, das ich vor 13 Jahren in A. mit einem französischen jungen Pfarrer hatte. Wir hatten uns ganz einfach die Frage gestellt, was wir mit unserem Leben eigentlich wollten. Da sagte er: Ich möchte ein Heiliger werden (– und ich halte für möglich, daß er es geworden ist –); das beeindruckte mich damals sehr. Trotzdem widersprach ich ihm und sagte ungefähr: Ich möchte glauben lernen. Lange Zeit habe ich die Tiefe dieses Gegensatzes nicht verstanden. Ich dachte, ich könnte glauben lernen, indem ich selbst so etwas wie ein heiliges Leben zu führen versuchte ...
Später erfuhr ich und erfahre es bis zur Stunde, daß man erst in der vollen Diesseitigkeit des Lebens glauben lernt. Wenn man völlig darauf verzichtet hat, aus sich selbst etwas zu machen – sei es einen Heiligen oder einen bekehrten Sünder oder einen Kirchenmann (eine sogenannte priesterliche Gestalt!), einen Gerechten oder Ungerechten, einen Kranken oder einen Gesunden – und dies nenne ich Diesseitigkeit, nämlich in der Fülle der Aufgaben, Fragen, Erfolge und Mißerfolge, Erfahrungen und Ratlosigkeiten leben – dann wirft man sich Gott ganz in die Arme, dann nimmt man nicht mehr die eigenen Leiden, sondern das Leiden Gottes in der Welt ernst, dann wacht man mit Christus in Gethsemane, und ich denke, das ist Glaube, das ist ›Metanoia‹; und so wird man ein Mensch, ein Christ (vgl. Jerem. 45!). Wie sollte man bei Erfolgen übermütig oder an Mißerfolgen irre werden, wenn man im diesseitigen Leben Gottes Leiden mitleidet?«[29]

Aufschlußreich ist an diesem klaren Bekenntnis die Gleichsetzung von Menschsein und Christsein. Die Diesseitigkeit bedeutet, daß wahres Menschsein das Wesen des Christseins erfüllt, daß also nicht Christsein eine spezielle, besondere, vom Menschsein ganz getrennte Art von Existieren wäre, ganz anders als

29. Widerstand und Ergebung, S. 249.

Humanität und Menschlichkeit im weltlichen Verstande. An diesem Punkte dringt Bonhoeffer, die dialektische These vom »ganz anderen« als Humanität weit hinter sich lassend[30], zu jener Warte vor, von der aus auch Albert Schweitzer, Paul Tillich, Karl Jaspers, Teilhard de Chardin und auf seine Weise ebenfalls Martin Buber das Verhältnis des Menschseins und des Glaubens, speziell des christlichen oder, wenn wir Buber mit einschließen, des biblischen, bestimmen. Für Bonhoeffer wird diese Koinzidenz von Menschsein und Christsein gerade zu einem Unterscheidungsmerkmal zwischen dem weltlichen und dem religiösen Glauben. Für die Weltlichkeit nimmt er Jesus in Anspruch, während er in Johannes dem Täufer eine Verwirklichung der religiösen Form von Glauben sieht. Johannes der Täufer ist ihm »homo religiosus«, Jesus aber »Mensch«, ja »Mensch schlechthin«[31]. Gerade die Betonung, daß Jesus, daß der Christ nicht nur Mensch, sondern Mensch schlechthin sei, läßt uns die Tiefe der Wende spüren, die Bonhoeffer durch seine Entscheidung vollzieht.

Sie verändert nicht nur das Glaubensverständnis des einzelnen, sondern auch die Funktion der Kirche. Der Kampf der Bekennenden Kirche hat Bonhoeffer gelehrt, daß es ein Fehler ist, wenn die Kirche sich zum Selbstzweck macht und also einen Kampf um die Erhaltung ihrer Rechte und ihrer Existenz führt, statt für die Gerechtigkeit in der Welt einzustehen. So wie Jesus der Mensch für andere war, so wie die weltliche christliche Existenz in der Wahrnehmung von Verantwortung für die Welt besteht, so ist auch Kirche, wenn sie wirklich christliche Kirche sein will, nicht für sich selbst da. Sie hat nur christlichen Sinn, wenn sie Kirche »für andere« ist[32]. Damit bekommt auch die Kirche eine weltliche

30. Vgl. dazu etwa Ernst Wolf, »Menschwerdung des Menschen?«, Zum Thema Humanismus und Christentum, Peregrinatio II, München 1965, S. 119 ff.
31. Widerstand und Ergebung, S. 248.
32. A. a. O., S. 261.

Funktion und erhält Anteil an der Diesseitigkeit des Glaubens. Die Wirkung dieser Gedankengänge Bonhoeffers auf die christliche Öffentlichkeit war ungemein. Die Öffnung der Kirche zur Welt, wie wir sie in den letzten Jahren in immer stärkerem Maße erlebt haben, ist wohl nicht Bonhoeffer allein zuzuschreiben, aber sie ist stark durch ihn mit hervorgerufen und mitgeformt worden. Indessen scheint doch die heutige Tendenz nicht wirklich Bonhoeffers Absichten zu verwirklichen, obgleich die verschiedensten Kreise sich immer wieder auf Bonhoeffer berufen und Kernsätze aus seinen späten Schriften zitieren. Bonhoeffers Denken des Glaubens muß deshalb noch gegenüber drei verschiedenen Tendenzen differenziert werden, die sich auf ihn berufen, ihn aber nur partiell übernehmen.

Das erste ist die Gruppe, die Bonhoeffers Gedanken verharmlost, indem sie den späten Bonhoeffer in die stärker kirchlich-konventionellen Tendenzen des früheren Bonhoeffer hineinnimmt. Damit wird gleichsam das Radikale an der »mündigen Welt« und an der »Diesseitigkeit« entschärft. Es bleiben nur einige moderne Retuschen am kirchlichen Christentum übrig. Aber Bonhoeffer kann nicht so in die alte Kirchlichkeit zurückgeholt werden. Es sind vor allem einige, der konventionellen Denkweise der Bekennenden Kirche treu gebliebene Freunde Bonhoeffers, die diesen Versuch unternommen haben.

Das zweite ist die Theologie des Todes Gottes oder die Theologie nach dem Tode Gottes. Bonhoeffers Gedanken streifen durchaus den Atheismus; die Welt, in der wir ohne Gott leben müssen, ist nur durch eine schmale Grenze von der Welt getrennt, in der kein Gott ist. Viele Sätze Bonhoeffers lassen sich demnach, mit einer nur kleinen Verschiebung der Nuancen, in einer Theologie nach dem Tode Gottes unterbringen, besonders wenn diese Theologie die mitmenschliche Verantwortung in die Mitte des christlichen Selbstverständnisses rückt. Persönlichkeiten wie Dorothee Sölle wären an dieser Stelle zu nennen, die vieles von Bonhoeffer übernommen hat, aber doch in ihrer ganzen Tendenz die entscheidende Aussage Bonhoeffers übergeht, daß die Erkenntnis, wir müßten ohne Gott leben, eine Erkenntnis ist, die wir vor dem Gott haben, vor dem wir täglich stehen und der mit uns ist.

Das dritte ist die politische Theologie oder die Theologie der Revolution. Sie beruft sich auf Bonhoeffer in der Grundentscheidung, daß christlich handeln weltlich handeln und damit auch politisch handeln ist. Bonhoeffers politisches Engagement, auch seine Bereitschaft zur gewalttätigen und illegalen Opposition, scheint Vorbild der Theologie der Revolution sein zu können. Indessen geht Bonhoeffers Konzeption auch nicht in diese Tendenz auf. Der Unterschied liegt darin, daß die Theologie der Revolution sowohl die gesellschaftliche Situation als auch die Bedeutung des Christlichen in erheblichem Maße mit Begriffen und Denkweisen des Marxismus interpretiert. In Bonhoeffers Denken jedoch spielt das marxistische Ideal der neuen sozialistischen Gesellschaft keine Rolle. Seine Opposition gegen Hitler hat daher ein anderes Gefälle als die Revolution, die sich nicht gegen den totalen Staat, sondern gegen den bürgerlich-liberalen Staat wendet. Bonhoeffer kann deshalb auch nicht in eine marxistische Theologie integriert werden.

So hat er wohl eine unermeßliche Wirkung ausgeübt, aber als Ganzes hat er nicht Schule gemacht, sondern ist mit seiner Denkweise allein geblieben. Sein Erbe ist noch nicht ausgeschöpft.

GTB Siebenstern

109
Horst Georg Pöhlmann
Wer war Jesus von Nazareth?
Eine Veröffentlichung der Studienstelle der Deutschen Evangelischen Arbeitsgemeinschaft für Erwachsenenbildung. 136 Seiten. 9,80 DM

110
Johannes Wirsching
Lernziel Glauben
Einführung in die Theologie. 190 Seiten. 14,80 DM

112 G
Willi Marxsen
Die Sache Jesu geht weiter
130 Seiten. 9,80 DM

112 F
Paul Schütz
Warum ich noch ein Christ bin
Eine Existenzerfahrung. Dritte Fassung. 247 Seiten. 9,80 DM

117
Paul Schütz
Wie ist Glaube möglich?
Krise und Chance des Christentums im Zeitalter der Wissenschaft. 111 Seiten. 6,80 DM

118
Johann Christoph Blumhardt
Seelsorge
Hg. von Otto Bruder. 182 Seiten. 5,80 DM

121
Eike Christian Hirsch
Das Ende aller Gottesbeweise?
Naturwissenschaftler antworten auf die religiöse Frage. 120 Seiten. 7,80 DM

126
Eduard Schweizer
Jesus Christus im vielfältigen Zeugnis des Neuen Testaments
191 Seiten. 8,80 DM

148
Eduard Thurneysen
Praktische Seelsorge
156 Seiten. 7,80 DM

154
Jürgen Moltmann
Umkehr zur Zukunft
187 Seiten. 7,80 DM

159/160
Quellen zur Geschichte des deutschen Protestantismus 1945 bis zur Gegenwart
Hg. und eingeleitet von Karl Kupisch.
1. Teil (159): 160 Seiten. 5,80 DM.
2. Teil (160): 138 Seiten. 5,80 DM

165
Wolfhart Pannenberg
Das Glaubensbekenntnis
ausgelegt und verantwortet vor den Fragen der Gegenwart. 185 Seiten. 7,80 DM

167
Hans Küng
Freiheit des Christen
228 Seiten. 8,80 DM

174
Karl Rahner: Experiment Mensch
Vom Umgang zwischen Gott und Mensch. 185 Seiten. 6,80 DM

Gütersloher Verlagshaus Gerd Mohn

GW 18